ANDRÉ FRAN

NÃO CONTA
LÁ EM CASA

3ª edição

Editora Record
RIO DE JANEIRO • SÃO PAULO
2014

UMA VIAGEM
PELOS DESTINOS
MAIS POLÊMICOS
DO MUNDO

NENHUM HOMEM É UMA ILHA, ISOLADO EM SI MESMO;
TODO HOMEM É UM PEDAÇO DO CONTINENTE, UMA PARTE
DA TERRA FIRME. SE UM TORRÃO DE TERRA FOR LEVADO
PELO MAR, A EUROPA FICA DIMINUÍDA, COMO SE FOSSE
UM PROMONTÓRIO, COMO SE FOSSE O SOLAR DOS TEUS
AMIGOS OU O TEU PRÓPRIO; A MORTE DE QUALQUER
HOMEM ME DIMINUI, PORQUE SOU PARTE DO GÊNERO
HUMANO, E POR ISSO NÃO ME PERGUNTES POR QUEM
OS SINOS DOBRAM; ELES DOBRAM POR TI.

JOHN DONNE, "Por quem os sinos dobram"

SUMÁRIO

INTRODUÇÃO > 8
MIANMAR > 19
COREIA DO NORTE > 59
IRÃ > 87
IRAQUE > 113
DINAMARCA > 135
TUVALU > 149
ETIÓPIA > 165
DJIBUTI > 195
SOMÁLIA > 201
ITÁLIA > 209
INDONÉSIA > 223
JAPÃO > 249
AFEGANISTÃO > 275
MANUAL DO NERD NA ESTRADA > 293
UM LIVRO SEM EPÍLOGO > 299

INTRODUÇÃO

ریاست اطلاعات وفرهنگ

تکت دوصدپنجاه افغانگي (250 افغاني)

شماره ( )   اتباع خارجي   جواز (50)

محترم/محترمه .... Angela .... ازولايت ..... Brazil ....

اجازه دارد از آثار باستاني باميان ديدن نمايد.

تاريخ: ٣٠ / ٣ / 1389

امضا، مسئول

ONDE TUDO COMEÇOU

Em dezembro de 2006, eu me preparava para finalmente colocar o ponto final no texto do *Indo.doc*, o documentário sobre a tragédia do tsunami na Ásia. Quatro grandes amigos meus rumaram para o epicentro da tragédia poucos meses após o acontecido e eu, além da produção no Brasil, fiquei responsável por traduzir em palavras a experiência. Ao olhar para trás e enxergar a totalidade da história que contamos, eu tentava captar o que ela me dizia. Contemplando o resultado daquela narrativa tão simples e ao mesmo tempo tão cheia de significados, a minha vontade era não digitar aquele fatídico ponto. Meu desejo era que aquela história não terminasse ali e que aquele fosse só o início de algo muito maior, que ultrapassasse os limites do monitor do meu computador, das salas de cinema ou até mesmo das telas de TV.

Eu sabia que era exigir demais de um singelo filme que tinha seu charme, ambição e ousadia enraizados justamente numa completa inexperiência do grupo que o realizava. A viagem de férias entre amigos que foi transformada em um relato profundamente humano sobre uma das maiores tragédias naturais da história era nosso primeiro passo na produção cinematográfica. Mas a gente já depositava naqueles 72 minutos não só a esperança de reconhecimento profissional como também de um mundo melhor.

Não era presunção afirmar que nosso filme trazia uma mensagem, até porque essa mensagem ganhava força em sua própria ingenuidade. De forma leve, original e arriscadamente autoral, o filme entra em contato direto e mostra a dura realidade de um povo humilde e resiliente em meio a um drama físico e emocional sem precedentes. De maneira despretensiosa, ele se envolve (e envolve o espectador) com o objeto da obra, e talvez isso tenha tornado a experiência tão única, verdadeira e enriquecedora para quem assiste a ele e, principalmente, para quem o fez.

Nossa humilde produção era a metáfora perfeita de si própria. Ela representava nossa crença de que até mesmo um pequeno gesto pode fazer uma grande diferença. Basta acreditar e colocar a mão na massa! Esperávamos apenas que nossa obra fizesse sua parte, tornando-se o início de uma imensa reação em cadeia.

E foi exatamente isso que aconteceu! Graças ao sucesso de crítica e público conquistado com o lançamento do *Indo.doc*, eu e meus amigos e parceiros Leondre Campos, Felipe UFO e Bruno Pesca nos sentimos estimulados e em condições de criar algo novo e audacioso. Mais do que um projeto audiovisual, de viagens ou de aventuras, queríamos criar algo que ultrapassasse fronteiras, rompesse barreiras e sintetizasse nossos maiores desejos e aspirações. Uma ampliação e evolução de tudo aquilo que foi e representou nossa primeira empreitada oficial em produção para TV. A inquietação despertada com essa nossa primeira experiência foi muito além do mero projeto bem realizado. Tocava fundo em nossa alma o desejo de conhecer outras realidades, apresentar novas culturas e nos envolver diretamente com o objeto de nosso trabalho, que nada mais é que esse vasto planeta onde vivemos e seus confusos habitantes.

À medida que esse projeto se desenvolvia, percebíamos que ele ganhava cada vez mais espaço em nossas vidas e pretensões. O produto final em si diminuía em relevância, ao passo que íamos vislumbrando e calculando as imensas implicações (e riscos) da experiência de vida que seria proporcionada por ele. Pouco a pouco, uma ambiciosa ideia de programa para TV tomava contornos bem maiores. Estávamos falando de um projeto de vida, mesmo. Nossos planos eram viajar pelos destinos mais polêmicos, inóspitos, perigosos, inacessíveis, mal retratados ou desconhecidos do planeta em busca de verdades e lições que merecessem ser passadas adiante. Queríamos ir a lugares inalcançáveis, falar com pessoas que muito tinham a dizer e abraçar causas impossíveis. Viajar, registrar e exibir grandes dramas e histórias. Descobrir a verdade doa a quem doer. Tentar reagir a fatos imutáveis e oferecer nossa humilde interpretação sobre ideologias, governos e culturas seculares. Romper barreiras geográficas e derrubar preconceitos. Como São Tomé, queríamos "ver para crer", estimulando o questionamento a cada episódio. Fazer a diferença. Então, lá fomos nós encarar a estrada, de novo. Dessa vez, com um singelo objetivo na bagagem: mudar o mundo.

AGORA, SIM:
NÃO CONTA LÁ EM CASA!

Desde o início de 2009, tenho viajado com esses meus três grandes parceiros, produzindo o programa *Não conta lá em casa*, para o canal de TV a cabo Multishow, da Globosat. O programa consiste em quatro amigos (eu, Leo, UFO e Pesca) viajando com o objetivo de mostrar a realidade de alguns dos destinos considerados, por motivos diversos, extremamente complicados. Batizamos a série com esse nome pois imaginamos que, se fôssemos alertar nossos familiares sobre os locais para onde iríamos ou o que estávamos pretendendo fazer, corríamos o risco de nem sequer dar o primeiro passo. Nunca foi nosso desejo aparecer diante das câmeras, ser atores, apresentadores ou algo que o valha. Pelo contrário, somos todos bastante discretos, tímidos e, inclusive, para tristeza do público feminino, não tem nenhum galã em nossa equipe. Apenas concluímos que a melhor maneira de passar a mensagem que queríamos era por meio de uma série de TV. Muito mais ágil que um documentário em longa-metragem como o que havíamos realizado, com uma série de episódios formatados para a televisão seríamos capazes de abordar um número bem maior de destinos em um tempo mais curto. A equipe que realizaria tamanha tarefa seria composta de exatamente quatro profissionais. Sim, apenas nós quatro: Leo, UFO, Pesca e eu. Dividimos as tarefas e decidimos os destinos a serem abordados, cuidamos do roteiro de viagem, da pré-produção, fizemos (ou tentamos fazer) os contatos, calculamos o orçamento, cuidamos das filmagens no local, da edição, da trilha sonora, do texto e,

finalmente, fechamos com a arte-final. Obviamente, contamos com o estimado suporte de nossos queridos amigos do Multishow. Mais importante que a relação de amizade que temos com os profissionais do canal, que a liberdade criativa e editorial que nos dão, do que a abertura que temos para escolher, discutir e, por vezes, mudar nosso planejamento por completo (para desespero da chefia do canal), está o fato de terem sido os primeiros a acreditar no *Não conta lá em casa*. Nada menos óbvio e mais arriscado para um canal de TV focado no público jovem do que um programa em que quatro feiosos apresentam história e cultura de países que a maioria das pessoas não está muito disposta a conhecer (especialmente na hora do jantar)! Mas eles enxergaram a função social por trás dos números do Ibope e abraçaram a nossa causa. No fim das contas, apostaram certo. Os "quatro amigos viajando pelos destinos mais inóspitos do planeta", como eles nos classificaram, até que conquistaram certo sucesso de crítica e, quem diria, de público!

Nas primeiras temporadas, decidimos tratar de alguns dos temas capitais de destinos que fariam corar o mais audacioso guia turístico. Na primeira temporada, foram 13 episódios para apresentar o "Eixo do Mal", na definição nada simpática do ex-presidente norte-americano George W. Bush. Conhecemos a ditadura opressora de Mianmar, que agride monges indefesos e prende seus cidadãos por cometerem o crime de contar piadas sobre seus governantes, vimos do lado de dentro a realidade surreal da fechadíssima Coreia do Norte, fizemos amizades (femininas!) no polêmico Irã e quase choramos de medo nas ruas de um Iraque que mais parecia um cenário de *Rambo*.

Com o sucesso conquistado com o retrato que fizemos dos nossos primeiros destinos, ganhamos coragem e respaldo para alçar voos mais distantes (em todos os sentidos) e abordar outros assuntos complicados, mas não menos perigosos.

Resolvemos de início abordar outra terrível ameaça ao planeta: o aquecimento global. Na Dinamarca, durante a reunião do COP 15, a cúpula da ONU sobre o tema, tivemos contato pela primeira vez com a história triste e desconhecida de Tuvalu. Da Europa seguimos, então, para a ilha-nação que periga se tornar o primeiro país do mundo a sumir completamente do mapa por conta da subida das marés provocada pelas agressões do homem ao meio ambiente. Nessa mesma temporada, também embarcamos pela primeira vez no continente africano. E o adequado portão de entrada do *Não conta lá em casa* ali foi justamente o conturbado Chifre da África. Lá passamos por Etiópia, Djibuti e Somália, o país mais perigoso do mundo, que nos trouxe pesadelos temáticos no melhor estilo do filme *Falcão negro em perigo*. Para encerrar com chave de ouro, conseguimos cumprir uma missão que vinha sendo adiada havia algum tempo por questões de segurança (sim, na medida do possível prezamos pela nossa segurança): visitamos o polêmico Afeganistão.

Na terceira temporada encaramos duas propostas diferentes e originais: fizemos um (há muito necessário) curso de sobrevivência em situações extremas. Para isso, fomos até a Itália receber spray de pimenta nos olhos, tiros de festim na bunda e passar por simulações de atentados diversos sob a alegação de que nos tornaríamos mais preparados para uma situação dessas no mundo real. Aprendemos muito nas sádicas mãos de Jim Wagner, uma das maiores autoridades mundiais em sobrevivência ao terrorismo. Pela primeira vez também, repetimos (de certa forma) um destino. Voltamos ao ponto zero do tsunami de 2004, na Indonésia, onde filmamos o *Indo.doc*. Fomos conferir, cinco anos depois, em que pé estava o processo de reconstrução do marco inicial do projeto *Não conta lá em casa*, a região de Banda Aceh.

Em nossa quarta temporada, abandonamos o roteiro preestabelecido e partimos rumo ao Japão pouco depois do terremoto e consequente tsunami que arrasaram grande parte da sua costa norte. Entre destroços, ameaças nucleares, racionamento de comida e energia, e o temor da população, pudemos avaliar em primeira mão como um dos mais importantes países do mundo estava reagindo a tamanha calamidade. Mais do que isso, pela primeira vez na história do programa pudemos participar de uma missão de ajuda humanitária. Algo extremamente gratificante e emocionante.

Infelizmente, por culpa da ganância, prepotência e estupidez do homem, ou por eventualidades do ecossistema, temas para o programa surgem em grande quantidade a cada ano. Seguimos buscando pelo mundo histórias e pessoas que sirvam de motivação. Que possam inspirar ou revoltar, mas sempre provocar uma reação, uma necessidade de questionar, agir e transformar. Novos desastres naturais devastam países sem fazer distinção geográfica, política ou econômica. Novas guerras são travadas por motivos raramente justificáveis. Novas revoluções ganham força e são transmitidas ao vivo pela internet. Enquanto houver desinteresse ou interesses escusos, desconhecimento ou manipulação na informação, uma causa justa ou uma injustiça global, estaremos dispostos e interessados em entender, mostrar, denunciar e (por que não?) ajudar.

Como o próprio projeto, somos pequenos, porém audaciosos. Acreditamos que por isso mesmo podemos servir de exemplo e, de uma maneira humilde e carregada de autocrítica, estimular as pessoas à ação. A acreditarem que outro mundo, mais justo e igual, é possível. E, se nós quatro conseguirmos fazer uma diferença, qualquer um conseguirá!

Protected Zone No Entrance

Ao chegar a um país desconhecido, mantenha os olhos abertos para alguns sinais que possam indicar o quão árdua será sua estada no local ou até mesmo garantir a sua sobrevivência em território hostil. Sempre atentos a estes itens, elaboramos nossa própria **Escala de Segurança**.

1) Ausência de mochileiros: se seu destino não for adequado nem para esses inconsequentes jovens, mau sinal. ☠☠☠☠

2) Ocidentais de meia-idade nas ruas: jovens mochileiros podem até encarar destinos relativamente instáveis, mas ocidentais de meia-idade só viajam na boa e com o mínimo de conforto. Relaxe um pouco. ☠☠☠

3) Há um McDonald's à vista: o "M" da paz, como o batizamos ironicamente, indica que você está em um lugar tão estável que já pode se dar ao luxo dos prazeres (e mazelas) da vida moderna. ☠☠

4) E, por fim, um sinal de Wi-Fi: o símbolo máximo de paz, segurança e civilização! ☠

そなエリア東京
防災体験学習施設
OPEN

~~BIRMANIA~~

MIANMAR

REPÚBLICA DA UNIÃO DE MIANMAR
(antiga Birmânia)

Governo	República presidencialista (regime militar)
Capital	Naypyidaw
Idioma	Birmanês
Moeda	Kyat (mmK)
População	55.400.000
IDH*	132° lugar
Internet	Lan houses com sites bloqueados

* IDH = Índice de Desenvolvimento Humano

MIANMAR NÃO É MIAMI

Muita gente nunca ouviu falar em Mianmar. Confesso que o máximo que eu sabia antes de começar as pesquisas sobre nosso primeiro destino era que seu antigo nome era Burma. Ou seria Birmânia? Bem, eu sabia bem pouco mesmo, além do aspecto principal pelo qual o país ficou conhecido na comunidade internacional, que é por abrigar uma das ditaduras mais fechadas e violentas. Já estava explicado por que esse parecia ser o ponto de partida ideal para um projeto de viagens como o *Não conta lá em casa*. Se conseguíssemos voltar com imagens de Mianmar, já dava para considerar a missão um sucesso e acreditar em voos ainda mais altos (e arriscados). Mas, no fundo, no fundo, já estávamos nos dando por satisfeitos se nossos pais não tivessem que passar as próximas décadas nos visitando em um presídio fétido nos confins da Ásia.

Conforme ia chegando o dia do nosso embarque, eu me aprofundava mais nas pesquisas. Entre Google, Wikipedia, sites de viagem alternativos e blogs de aventureiros de todo o mundo, fui descobrindo outros detalhes sobre essa polêmica ditadura asiática. E os fatos que surgiam não só corroboravam tudo o que se falava sobre o local, como conseguiam piorar ainda mais a sua fama.

Em 1989, após anos de ditadura, protestos e nenhum espaço para a vontade do povo, realizaram-se eleições. O partido democrático venceu de forma avassaladora. Então, o que fez a junta militar que manda no país? Não reconheceu as eleições e mandou a presidente eleita para a prisão! Essa presidente chama-se Aung San Suu Kyi e foi a vencedora do Nobel da Paz de 1990. Permaneceu em prisão domiciliar por quase duas décadas.

Quanto mais eu buscava algo que mostrasse um lado mais seguro ou tranquilo de Mianmar, mais dados alarmantes surgiam. O país parecia ser uma sucursal asiática do inferno, se analisado pelos números e fatos encontrados em documentos oficiais:

• Mianmar é o 2º maior país do mundo em volume de tráfico de ópio.

• Mianmar está em 170º (de 173 países) no ranking da organização Repórteres Sem Fronteiras para liberdade de imprensa.

• Mianmar é considerado o pior país do mundo para se ter um blog (!?).

• Em 2007, uma grande manifestação que clamava por mais liberdade no país (liderada por simpáticos e indefesos monges) terminou em milhares de presos, espancamentos e houve até a morte de um jornalista japonês, o que gerou protestos em todo o mundo.

• Dizem que Mianmar tem um dos litorais mais bonitos do planeta, mas poucos o conhecem por ser proibido para estrangeiros.

• Mianmar consegue ter cem vezes menos turistas que a vizinha Tailândia, que possui uma faixa litorânea muito menor.

• Apenas 0,6% da população do país tem acesso à internet.

No entanto, não havia como recuar agora. Até porque o objetivo do projeto era justamente ir em busca desses países considerados polêmicos, fechados, perigosos ou qualquer outro termo que, com razão ou não (iríamos descobrir), os tirava dos roteiros de viagem mais óbvios. Nossa intenção ao escolher esses destinos não era passar uma imagem de valentões, corajosos ou loucos inconsequentes. Muito pelo contrário. Através de contatos, planejamento e pesquisas, tentamos minimizar todo e qualquer tipo de risco à nossa segurança (em primeiro lugar) e ao trabalho que pretendíamos realizar. E isso serviu tanto para essa viagem como para todas as outras que fazemos até hoje. Independentemente para onde estamos indo. Primeiro, queríamos conferir com nossos próprios olhos se Mianmar era isso tudo mesmo que parecia ser. Seria desinformação? Má interpretação? Desconhecimento? Distorção? Em seguida, nossa ideia era apresentar o que vimos de forma simples, clara e, principalmente, despida de julgamentos precipitados. Passar adiante tudo o que aprendemos e descobrimos sobre destinos que poucos teriam disposição ou interesse em ir conferir. As pessoas que usem como quiser essa informação. Um protesto, um boicote ou uma viagem de férias. Nada é tão simples e óbvio. O mundo não é só preto ou branco, há milhares de camadas de cinza no meio do caminho. Mas, como diz uma famosa organização criminosa brasileira: "O certo é o certo, o errado é o errado." Sempre.

Acontece que ainda faltava um pequeno detalhe para chegar ao nosso almejado destino e começar o trabalho. Um não, dois. E nada pequenos, muito grandes, por sinal. Dois longos voos que somados dariam mais de 24 horas no ar. Isso só para chegar até a Tailândia. Porque de lá ainda teríamos que descobrir como cruzar por terra a fronteira para Mianmar. Tarefa que até o momento era considerada impossível por todas as fontes que checamos.

NO CAMINHO

Após pegar a ponte área para São Paulo, e na sequência o voo mais longo de minha vida (SP-Dubai), chegamos aos Emirados Árabes. Apesar do longo trajeto, o desconforto foi leve, ainda não havia como ir se aclimatando à selvagem realidade que me aguardava. Desacostumado ao luxo de certas companhias aéreas, me senti mimado durante as 15 horas no ar, em que pude aproveitar um cardápio variado de refeições, entretenimento de bordo com mais de quinhentos filmes e programas de TV, rádios, canais de notícias em tempo real, câmeras *on board*, jogos

TÃO DIFERENTES, MAS TÃO IGUAIS. EU, PESCA, LEO E UFO COM MONGES BIRMANESES QUE CONHECEMOS EM MAE SOT, FRONTEIRA ENTRE TAILÂNDIA E MIANMAR.

NÓS QUATRO NA FRONTEIRA ENTRE A TAILÂNDIA E MIANMAR. DESTAQUE PARA LEONDRE COM NOSSA PANASONIC HVX200, A PRIMEIRA CÂMERA QUE USAMOS NO PROGRAMA.

interativos, telefone para comunicação entre os assentos (passamos vários trotes para UFO) e por aí vai. Eu rezava para não ser a calmaria antes da tempestade.

A calma, ou melhor, a mordomia prosseguiu quando desembarcamos para uma escala de algumas horas no aeroporto de Dubai. Grandioso, com uma decoração ostensiva e abusando de detalhes em ouro, o lugar parecia uma espécie de shopping center da realeza árabe. Os serviços faziam jus à decoração suntuosa: lojas variadas, diversas praças de alimentação e, melhor de tudo, conexão wireless de graça. Eu poderia morar nesse aeroporto, como o personagem de Tom Hanks fez no JFK, de Nova York, no filme *O terminal*. Só que, diferente dele, eu não ia querer nunca mais voltar para o meu país de origem.

É claro que, por estar em um país islâmico, o aeroporto também tinha suas particularidades. E descobri ali mesmo uma lição que me acompanharia ainda por muitas paradas: ir ao banheiro em um país muçulmano faz-se epopeia acrobática digna dos melhores filmes pastelão. Primeiro, a cabine não abriga um vaso sanitário, mas sim um buraco metálico no chão que o povo por essas bandas tanto ama. Segundo, não há cerimônia, ao que parece, para flatos. Meus vizinhos de cabine pareciam travar uma batalha de proporções épicas. Enquanto eu fazia um misto de contorcionismo com aeróbica para não cair no buraco que jazia entre meus pés, o senhor da esquerda começou a utilizar o chuveirinho como quem apaga um incêndio. A água chegava a invadir minha cabine por baixo e eu, agora em um pé só, lutava contra a gravidade que me atraía para aquele desagradável poço sem fundo. Segurando a mochila com os dentes, o papel higiênico com a mão esquerda e escorando a porta com a direita, me vi em um esquete de filme do Jerry Lewis por alguns tensos minutos. Entre mortos e feridos, salvaram-se todos. Na saída, fiz questão de passar no templo muçulmano que ficava logo ao lado. Agradeci o sucesso em minha primeira experiência multicultural no Oriente Médio, onde ir ao banheiro ou um simples pedido no Burger King pode reservar as surpresas mais inesperadas.

Aproveitando a excelente infraestrutura do aeroporto da maior cidade dos Emirados Árabes, percorremos algumas livrarias em busca de um tradicional guia de viagens de Mianmar. Já tínhamos procurado esse livrinho por algum tempo, e, apesar de termos encontrado versões dos mais obscuros e isolados recantos do planeta, parecia que a de nosso destino era impossível de ser encontrada. Foi então que ficamos sabendo que a famosa editora responsável pela publicação desses guias até hoje sofre protestos por ter publicado um exemplar birmanês. Afinal, uma das principais formas que a comunidade internacional descobriu de fazer pressão sobre a ditadura intransigente de Mianmar foi justamente por meio do boicote ao seu turismo. Uma atitude complexa e que gera bastante controvérsia. Os idealizadores do boicote e seus defensores alegam que essa é a maneira de deixar claro para a junta militar que oprime o povo local que o mundo está de olho e não concorda com suas ações. Além de cortar uma importante fonte de renda que estaria sendo usada para a construção de resorts turísticos erguidos com mão de obra escrava, que enriquece o poderio militar que comanda o país criando um ciclo vicioso difícil de ser quebrado. Essa teoria foi acatada por diversas entidades oficiais, por grande parte da indústria mundial de turismo e pelos governos de vários países.

Por outro lado, os defensores da abertura ao turismo afirmam que esse tipo de atitude apenas isolava o povo de Mianmar já tão sem forças para lutar por conta própria. Esse segundo grupo entendia as implicações de viajar para o país, mas apontava uma terceira via: a do turismo ético e responsável. O certo, eles pregavam, era não fazer uso de restaurantes, hotéis e excursões oficiais do Estado, optando pelos empreendimentos turísticos e comerciais dos próprios birmaneses. Turismo consciente era o termo que eles usavam e que constava em um guia alternativo que finalmente encontramos ali no aeroporto. Decidimos

BRUNO PESCA NO CAMPO DE REFUGIADOS EM MAE SOT, O MAIOR DA REGIÃO, QUE ABRIGA CERCA DE 50 MIL HABITANTES.

PESCA, COM SUA POLÊMICA CAMISETA, LEO, UFO E EU.

que esse era o tipo de turismo que tentaríamos praticar uma vez que estivéssemos em Mianmar. Antes disso, ainda tínhamos que enfrentar mais sete horas de voo até Bangcoc, na Tailândia. Mas não dava para embarcar sem antes fazer um *pit-stop* no excelente restaurante na cobertura do nosso salão de embarque, que servia refeições de graça para quem tivesse escalas acima de quatro horas (nós!). Já estava ficando com saudades de Dubai. Ou do que pude ver desse excêntrico Emirado: o aeroporto.

SE BEBER, NÃO CASE II

Assim que chegamos à Tailândia, fomos direto do aeroporto de Suvarnabhumi para a lendária Khao San Road. A Khao San, para os íntimos, é o *point* preferido de dez entre dez jovens viajantes europeus em Bangcoc. A Europa está para o mochileiro brasuca como o Sudeste Asiático está para o europeu. E a Tailândia parece ser o epicentro de todo exotismo, diversão e loucura que esses jovens viajantes procuram em suas expedições além-mar. Assim que coloquei os pés naquela rua suja e esburacada, abarrotada de carrocinhas de comida, ambulantes diversos, bicicletas, táxis e gente de todos os lugares passeando freneticamente de um lado para outro, pude perceber que o diretor Danny Boyle fez um retrato bastante fiel da realidade local em seu filme *A praia*. Com exceção do cheiro peculiar e desagradável, impossível de ser reproduzido na telona (ou no livro). Fazendo um rápido comparativo, o lugar parecia uma mistura do bairro da Liberdade, em São Paulo, com o camelódromo da Uruguaiana, no Rio de Janeiro, só que frequentado pela juventude alternativa europeia. Mas não há conotação negativa em minha descrição. Existe por aqui uma sensação de efervescência cultural, curiosidade e, principalmente, liberdade, muito grande. Para nós, brasileiros, às vezes essa sensação não é tão marcante. Porém, para um jovem inglês, alemão ou sueco, que geralmente tem taquicardia só de atravessar a rua fora da faixa, poder andar descalço, com a camiseta desabotoada, chapéu-panamá e pegar carona em um *tuk-tuk* (veículo característico do Sudeste Asiático usado como táxi. Um triciclo, geralmente caindo aos pedaços, que transporta, no máximo, três pessoas) deve ser uma experiência sensacional.

Ainda no primeiro dia, à tarde, almoçamos no restaurante vegetariano favorito de UFO, que já havia viajado por estas bandas em outras oportunidades. O lugar estava abarrotado de turistas de diversos países, e o cardápio trazia em sua capa uma frase que nos acompanharia pelo resto da viagem: "Não se trata de conhecer lugares, mas de conhecer pessoas." E nós viemos aqui não só pela comida, que era excelente, mas justamente por conta da amizade de UFO com um dos atendentes do lugar. Ele lembrava que o cara era de Mianmar e, como já imaginava, seu amigo nos deu preciosas dicas e alertas sobre sua terra natal. Além dos estrangeiros europeus, as ruas ali perto eram apinhadas de comerciantes informais e, grande parte, refugiados de Burma (todos se referem dessa maneira ao país). Em conversas com esse pessoal, tanto os mochileiros europeus quanto os ambulantes birmaneses, não encontramos ninguém que apoiasse nossa ideia de fazer turismo em Mianmar. O primeiro grupo, por medo ou desconhecimento, nem sequer considerava incluir o polêmico destino no seu heterogêneo roteiro de viagem. E o segundo alertava até para o risco de vida que corríamos ao aparecer por lá portando câmeras.

Um senhor mais velho nos chamou a atenção por estar trajando uma camiseta com os dizeres "Free Burma" estampados no peito. Foi ele quem deu uma dica interessante que serviria perfeitamente aos nossos propósitos se não fosse tão arriscada: entrar em Mianmar cruzando a fronteira por dentro de um campo de refugiados na cidade de Mae Sot, no extremo oeste da Tailândia.

O PRIMEIRO CAMPO DE REFUGIADOS A GENTE NUNCA ESQUECE

Ir até Mae Sot não foi tão difícil. Chegamos após uma viagem de oito horas de ônibus. O local é um contraste absoluto com o que conheci de Tailândia em Bangcoc. Há muito menos turistas (na verdade, não vimos nenhum estrangeiro exceto dois membros de uma equipe da ABC, rede norte-americana de televisão, que estavam hospedados no mesmo lugar) e o cenário é bem mais bucólico que o da capital. Mas nossa sorte começou a brilhar mesmo quando esbarramos, na própria pousada, com Than, famoso por estas bandas e reconhecido até em um livro por seu papel como o "Padrinho dos Órfãos Birmaneses". Than era um cara de seus 30 e tantos anos, alto e bem forte, pele morena de tailandês e cabelo curto no estilo militar, que à primeira vista intimidava. No entanto, sua fala mansa, jeito delicado e o sarongue que usava diariamente contrastavam com sua aparência, coragem e abnegação com que levava a vida. O trabalho com as crianças refugiadas em Mae Sot é realmente um caso digno de livro, filme, reportagem na TV e muito mais. A consequência de sua bondade e altruísmo em ajudar aqueles que queriam (e os que conseguiam) fugir de Mianmar para viver no Campo de Mae Sot foi o imenso reconhecimento da comunidade local e de todos que o conheciam. E isso também era um problema, obviamente. Afinal, ajudar pessoas a fugirem ilegalmente de um país é crime internacional. Mas essa era a causa que Than tinha abraçado e ele dizia não se sentir nem um pouco especial por isso. Contava-nos que cada um naquela comunidade de desertores, com o pouco que tinha, descobria um modo de tentar mudar o curso de sua história e de sua terra natal. Para ele, isso sim era inspirador.

Than não se furtou em nos ajudar da forma que pudesse a contar a história daquele povo oprimido: sugeriu contatos relevantes, arrumou um lugar para ficarmos e ainda nos levou ao Museu da Tortura. Um local ornado com fotos e relatos dantescos do que se passa na principal prisão de Mianmar, onde profissionais na arte de infligir sofrimento físico se esmeram para desenvolver as mais criativas maneiras de tormento ao próximo. Além disso, Than conversava por horas conosco na pousada, em papos que mais pareciam verdadeiras aulas presenciais de liberdade e sobrevivência.

Por intermédio de Than, soubemos que ali mesmo na mesa de refeições do pátio da pousada, onde tradicionalmente tomávamos café e conversávamos, alguns dias antes de nós estava sentado John Yettaw, o americano tresloucado que ganhara os noticiários de todo o mundo (colocando novamente Mianmar no centro das atenções) ao invadir a nado a casa de Aung San Suu Kyi, a líder democrata em prisão domiciliar, o que provocou um novo julgamento e outra crise internacional no país. Já conhecíamos de cor essa história, pois recebemos a notícia ainda no avião.

A junta militar acusava Aung San Suu Kyi de estar envolvida na conturbada invasão, enquanto seus defensores diziam que tudo havia sido armado para impedi-la de concorrer às novas eleições, marcadas para dali a alguns meses. De qualquer forma, ficou definido que a Nobel da Paz e líder do movimento democrático birmanês teria que deixar a casa onde estava confinada havia anos e voltar para a prisão comum até que fosse definida a data para um novo julgamento. E, como vimos, de comum essa prisão não tinha nada. Existem várias histórias e lendas aterrorizantes sobre o local. Tínhamos acabado de adquirir um livro sobre ela no próprio Museu da Tortura, com ilustrações e explicações das inúmeras formas de crueldade praticadas no complexo de Insein. Ou Insane, como preferia a imprensa internacional. O próprio formato da prisão é extremamente intimidador: um pentágono imenso que se destaca em meio às humildes construções e florestas das cercanias. A imprensa mostrava que, com a desordem gerada pelo julgamento, os quarteirões próximos ao local estavam fortemente cercados pelo exército. O que tornava impossível nossa aproximação do local (sim, já estávamos considerando essa hipótese). Mas nunca vou esquecer o momento em que avistamos, pela janela do avião, a imponente e assustadora construção.

ENTRANDO DE PENETRA

Voltando à fronteira com Mianmar, Bruno Pesca escolheu um modelito, digamos, especial para o momento. Alguns dias antes, como forma de ajudar a causa birmanesa, comprara das mãos de nosso amigo Than um jogo de quatro camisas que traziam um desenho estilizado da silhueta de um monge e a mensagem: *Birmânia: Revolução Açafrão*. Alguns locais solidários, ao perceberem nossas intenções de cruzar a fronteira (e os trajes de Bruno Pesca), alertaram: "Vocês não pretendem entrar lá vestindo isso, certo?"

Ainda não. Nosso objetivo para o momento era "apenas" penetrar no maior campo de refugiados birmaneses da Tailândia. Ênfase na palavra "penetrar". Soubemos que para entrar no local eram necessárias autorizações difíceis de serem obtidas e uma burocracia complicada e demorada para quem não tinha muito tempo a perder. "Isso não é problema", disse Than que mais uma vez salvava o dia (e a viagem). Ele fez alguns rápidos contatos por telefone e conseguiu um amigo que tinha uma pick-up e estava disposto a nos esconder no veículo e nos levar por uma excursão pelo campo. Ele estava acostumado a entrar lá, pois tem familiares no local, e disse que poderíamos até conhecê-los, se quiséssemos. Claro que queríamos! Apesar de ser o maior, esse era apenas mais um

EU E MINHA BOLINHA DE SEPAK EM UMA RUA DO CENTRO DE YANGUN.

SHWEDAGON PAGODA, A INCRÍVEL PAGODA DOURADA.

dentre muitos campos que abrigavam refugiados birmaneses fora de sua terra natal. O amigo de Than pedia apenas que filmássemos com muito cuidado, de forma que não atraísse a atenção ou ofendesse alguém. Sobretudo algum dos oficiais do exército tailandês que fazia ronda na área. Foi assim, meio às escondidas e debaixo de muita tensão, que vimos pela primeira vez na vida um campo de refugiados.

Seguíamos por vielas de terra batida com barracos de madeira de ambos os lados. O terreno parecia muito com os morros cariocas com que estamos acostumados, mas com uma vegetação bem mais selvagem e fechada. Casinhas de madeira com o teto forrado por grandes folhas secas cobriam as encostas daqueles morros a perder de vista. Parecia uma grande favela rural. Organizada e limpa dentro de sua realidade humilde como não poderia deixar de ser. A maioria das pessoas ali tinha deixado Mianmar com família e filhos pequenos, trazendo nada além da roupa no corpo, em busca da liberdade incerta em um país desconhecido. O governo tailandês dava um suporte mínimo para o campo, além do espaço físico. Porém, o que mais nos impressionou foi saber que os moradores não podiam deixar o campo em momento algum. A pena ia desde a prisão até o que eles mais temiam: a deportação para seu país natal. A vida daquelas pessoas, então, se resumia ao campo. E ali elas criaram escolas para as crianças, centros médicos básicos e até igrejas. Violência não parecia ser uma das preocupações no local. Na estrutura social básica que geraram por conta própria, questões como policiamento ou segurança não estavam entre as prioridades. Como pudemos perceber ao dar uma volta pelo lugar acompanhados da família do nosso motorista, a sensação era que esse imenso grupo encarava orgulhosa uma rotina árdua de luta por uma vida melhor, e para isso se apoiava na solidariedade, no auxílio mútuo e no sentimento de comunidade (na mais pura e louvável acepção da palavra). Era assim mesmo entre os mais jovens. Felizes pela graça da liberdade, buscavam apenas uma vida mais digna. Não havia espaço para crimes, violência ou desonestidade ali dentro. Ninguém queria perturbar a paz e o equilíbrio que tinham encontrado. O sistema parecia reger a si mesmo com extrema tranquilidade apesar das condições do lugar. Era uma experiência muito impressionante ver em primeira mão o impacto que uma ditadura pode exercer sobre um povo. Consequências tristes e trágicas que rompiam até mesmo os limites de seu próprio território. Uma questão com desdobramentos que iam se revelando mais complexos, e em uma escala muito maior do que qualquer um de nós jamais vislumbrara. Se fora de Mianmar já era assim, como não seriam as coisas lá dentro?

Na volta do nosso passeio pelo campo, ainda deu tempo de fazer uma parada para conhecer um retiro de monges que participaram da tal Revolução Açafrão que enfeitava as camisetas que havíamos ganhado. Essa tentativa de revolução orquestrada pelos monges ocorrera em 2007 e foi o maior e mais violento protesto até hoje no país, com mais de uma centena de mortos. Chegamos ao local bem na hora da meditação, e a barreira da linguagem tornou impossível qualquer tipo de interação além de gestos e sorrisos. Saindo de lá, ainda deu tempo de participarmos de uma partida de futebol comemorativa com alunos de uma escola para crianças exiladas. Na verdade, Pesca representou nossa equipe e toda a magia do futebol brasileiro durante a pelada. No fim do amistoso, perguntamos a um de seus pequenos adversários se aquele brasileiro do outro lado do campo era um "jogador bom". E ele: "Não, apenas um jogador." Estava encerrado o sonho de Bruno Pesca de seguir a carreira futebolística em território asiático.

Mas um de nossos objetivos na cidade não seria cumprido. Ficamos sabendo que um fotógrafo francês, último a tentar penetrar de Mae Sot a Mianmar por terra, como nós queríamos fazer, tinha conseguido mais do que pretendia em sua perigosa empreitada. O tal jornalista investigativo desejava apenas cruzar a fronteira e registrar em fotos a vida do outro lado, mas acabou sendo avistado e envolvido

UFO, TODO FELIZ PRESTES A VOAR PELA PRIMEIRA VEZ DE AIR BAGAN.

FELIPE UFO PAUSA PARA A FOTO DURANTE NOSSO DIA DE BIKE POR BAGAN.

em um dramático tiroteio, que conseguiu até registrar com sua câmera. As fotos renderam a ele matérias de destaque em publicações de todo o mundo, mas quase lhe custaram a própria vida. A questão do visto não era problema e, depois dessa história, achamos por bem optar pelo percurso mais tradicional e seguro (se é que isso era possível). Seguimos para o país de avião. Dessa forma, aterrissaríamos direto em Yangun, a maior cidade do país, a mais populosa e centro das atenções de todos. Deixaríamos os riscos e as surpresas da missão Mianmar para quando já tivéssemos ao menos cruzado a fronteira.

DEU MOLE, TÔ NA NET (YANGUN)!

Yangun, que já se chamou Rangoon, era a antiga capital de Mianmar. A junta militar decidiu em 2005 mudar o centro do poder no país para a isolada Naypyidaw, que fica a 200 quilômetros para o norte, encerrada entre uma cadeia de montanhas e florestas. Os motivos para tais mudanças permanecem um mistério. As suposições variam de medo de uma invasão externa até mera superstição. O fato é que estrangeiros estão terminantemente proibidos de entrar na capital oficial de Mianmar, que também serve de base para treinamentos do exército. Mas nosso destino era a histórica ex-capital e cidade mais relevante do país: Yangun. Ao chegar lá, você tem que fazer um longo e involuntário city tour que é o trajeto do aeroporto ao hotel. A primeira coisa que percebemos foi que o volante dos carros ficava do lado direito, mesmo as ruas não sendo de mão-inglesa. Reza a lenda que o general líder da junta militar que governa o país é muito ligado em astrologia. Dizem que ele não toma uma única decisão sem dar uma conferida em seu mapa astral. Certa vez, ao consultar sua astróloga particular sobre os rumos do país, ela teria dito: "O caminho é à direita." Em vez de encarar a observação como um conselho político, ele levou a dica ao pé da letra e ordenou que se invertesse a mão das ruas do país.

Mais adiante, surgia uma cidade com vários e enormes templos dourados que mais pareciam naves alienígenas de uma civilização riquíssima que haviam resolvido pousar em determinados pontos estratégicos entre os prédios velhos e malcuidados daquele lugar marcado pela miséria. As ruas de asfalto maltratado, os postes com fiação exposta e os carros em péssimo estado faziam com que as dezenas de serenos monges que vagavam pelas ruas destoassem completamente da paisagem. Pareciam ter sido teletransportados direto de algum templo plácido nas montanhas nevadas do Himalaia.

Classificamos a área do nosso hotel como uma espécie de Largo do Machado, para quem conhece o Rio de Janeiro, só que depois do apocalipse. O próprio hotel, da decoração às instalações, seguia o estilo mais simples possível. Luz elétrica só a partir das 6 da tarde, e isso valia para toda a cidade. O único mimo a que tínhamos direito era um quadro do Ronaldinho Gaúcho com a camisa da seleção, que ficava bem acima de uma das camas, no lugar onde em qualquer outro país estaria uma imagem de Jesus Cristo, Dalai Lama ou outro representante máximo de uma religião qualquer. De bom mesmo só o cybercafé, um dos poucos em funcionamento na cidade, que ficava a algumas quadras do nosso hotel. O que também não significava grande coisa, já que YouTube, e-mail, Facebook e outros sites básicos para a sobrevivência eram bloqueados pelo governo. Para nossa sorte, e provando que não há como frear a revolução digital, os próprios funcionários do cybercafé descobriram uma forma de alterar a configuração de suas máquinas burlando a arcaica tentativa de censura online. Era o jeitinho brasileiro em Mianmar!

Souvenir: Por 800 kyats (menos de um dólar), no mercado Aung San, em Yangun, você compra uma bolinha (maior que uma de tênis mas menor que uma de futebol) de Sepak Takraw. O Sepak é um dos esportes mais populares na Tailândia, atual campeã mundial na modalidade. A vizinha Mianmar parece ser grande adepta também, apesar de chamá-lo por outro nome: Chai-lo. O negócio é uma espécie de futevôlei jogado com uma bola feita de palha trançada em uma quadra de badminton. É preciso ter muita habilidade com os pés e elasticidade para jogar, e os grandes craques conseguem até dar uma espécie de bicicleta cortada. Nas ruas, sempre tem uma galera jogando em quadras improvisadas. Uma pequena área de terra batida, duas varetas de bambu interligadas por um barbante e pronto: você tem uma quadra de Chai-lo e meia dúzia de garotos se enfrentando em acirradas disputas. Seria como a tradicional "pelada" no Brasil.

Antes da nossa chegada, havia chovido na cidade por alguns dias. O que fez a situação já precária de Yangun ficar ainda pior. Como não bastassem a falta de luz (que já era rotina) e a sujeira, as ruas esburacadas e caóticas ficaram completamente alagadas. Um cheiro de toalha molhada pairava permanentemente no ar. Mas demos sorte: durante os dias em que estivemos por lá, conseguimos rodar o país com sol o tempo todo. Foi possível conhecer os principais templos e passear a pé por toda a cidade. Mas, antes que desse para agradecermos a São Pedro, percebemos um outro inconveniente: o calor extremo. Na ausência de ambulantes vendendo água mineral gelada, máquinas de refrigerante ou casas de suco, havia uma maneira especial para a gente se hidratar.

Sabe o tradicional bebedouro que encontramos em qualquer lugar no Brasil? Não aquele de escola, mas aquele de repartição pública ou consultório de dentista, que tem o galão de água com uma torneirinha e os copinhos descartáveis para a gente se servir? Pois é, ele também existe em Mianmar. A "pequena diferença" é que lá não há os copinhos

DA SACADA DE UM TEMPLO, UFO OBSERVA ALGUNS DOS OUTROS 2 MIL QUE COMPÕEM O INESQUECÍVEL VISUAL DE BAGAN AO PÔR DO SOL.

PESCA AO VOLANTE DO "MINITÁXI" QUE PEGAMOS EMPRESTADO PARA DAR UMA VOLTINHA POR MANDALAY.

descartáveis. Para substituí-los você tem uma canequinha de metal, que fica presa por uma correntinha ao bebedouro, e que é usada de forma comunitária. Até aí, nada demais. Se não fosse o hábito dos birmaneses de mascar uma frutinha vermelha que faz com que seus dentes fiquem permanentemente cobertos por uma espessa camada de saliva cor de sangue que provoca costumeiras escarradas que lotam as calçadas de pequenas pocinhas avermelhadas. Só sei que na hora do calor fizemos fila para entornar uns copinhos em meio à galera local e suas gengivas cheias dessa bizarra gosma.

Apesar de Yangun ser a capital informal de Mianmar, a região administrativa da cidade foi transferida para outro lugar em 2005. Uma nova capital foi construída literalmente no meio da floresta, estrategicamente afastada da maioria da população. Mas, para um país que mudou de nome de um dia para o outro, mudar uma capital de lugar era mero detalhe. Pois é, a confusão que todo mundo faz entre Birmânia, Burma ou Mianmar não é loucura. Em 1989, o governo decidiu mudar o nome do país. Autoridades estrangeiras, jornalistas de todo o mundo e praticamente todos os refugiados se opuseram à troca, até como protesto contra a ditadura. Como isso não bastasse, uma leva de cidades, bairros e até ruas também mudaram de nome nessa época. O próprio caso de Yangun, que se chamava Rangoon até 1989. Então, era um tal de ouvir Burma lá, Mianmar aqui, que a gente mesmo misturava os dois. Houve inclusive uma reunião para decidir que forma adotaríamos no programa. Ficamos com a que é oficialmente usada no Brasil. Ou seja: Mianmar, com "i".

Outras coisas difíceis de pronunciar, sem levar em consideração a mudança de nomenclatura, eram os nomes dos principais templos do país. A Shwedaghon Pagoda, ou Pagoda de Ouro, é a grande atração de Yangun. Ela é a maior pagoda do mundo. Pagoda, ou pagode (não dá para usar o termo "pagode" no Brasil neste contexto, pois a imagem invocada nunca é de templos asiáticos, mas de grupos de música vestidos com roupas espalhafatosas e fazendo dancinhas coreografadas), é aquele tipo de construção em forma de torre geralmente construída dentro de templos budistas. O ponto mais alto dessa torre de ouro cravejada com mais de cinco mil diamantes chega a 98 metros de altura.

Além de ser um dos principais destaques de Mianmar, a Pagoda de Ouro também sempre foi o ponto central das manifestações políticas do país. Aqui, em 1988, Aung San Suu Kyi fez um discurso para mais de 500 mil pessoas clamando por democracia e convocando o povo a um dos maiores e mais violentos protestos que o país já conhecera. Infelizmente, a maior consequência desse episódio foi o troca-troca de nomes. Em setembro de 2007, o lugar foi novamente palco de manifestações, quando milhares de pessoas lideradas por monges e insatisfeitas com suas condições precárias de vida protestaram contra a junta militar, pedindo liberdade e democracia na famosa Revolução Açafrão. Óbvio que novamente a reação do governo foi de extrema violência, promovendo imagens lamentáveis de cidadãos e monges sendo agredidos e mortos.

Entre sussurros e revelações escondidas, ficamos sabendo que a construção de pagodas estupendas e de custo altíssimo era uma forma que os líderes da ditadura do país buscavam para expiar seus pecados. Eles praticavam os mais terríveis e desumanos atos em benefício próprio e depois construíam imensos templos faraônicos na tentativa de obter o perdão divino. Para aqueles com quem a gente conseguia, a muito custo, conversar abertamente, esse tipo de atitude só servia mesmo como demonstração de poder. Arbitrário e injusto poder que em conjunto com a força da junta militar mantinha o povo calado e obediente, maquiavelicamente governado pelo medo. Para nós, ficava evidente que não havia mais como extrair muita coisa dali. Até porque não sabíamos o quão arriscado seria a esses cidadãos abrirem a boca a fim de denunciar seu governo para nossas câmeras.

IMPÉRIO DOS TEMPLOS

Bagan é a cidade mais "turística" de Mianmar. As aspas são porque, na prática, não vimos nenhum turista na cidade. A cada novo passo podíamos perceber que Mianmar é um lugar tão inacreditável quanto inexplorado. Bagan, com seus mais de 2 mil templos, é obviamente um dos principais destinos do país e do mundo no quesito viagem de aventura em cenário surreal. Mas poderia ser um bom *point* até para um casal de meia-idade ensaiando uma segunda lua de mel meio fora dos padrões. São poucas as opções de hotéis na cidade. Mas os dois principais atendem com louvor às necessidades do mais exigente viajante internacional. Demos uma olhada em ambos e optamos pelo mais barato, que não deixava nada a desejar ao seu rival. Espaçoso, limpo, moderno e bem decorado. Quartos amplos e agradáveis, atendimento de qualidade e uma belíssima piscina com um deque de madeira ornamentado por estátuas budistas (onde testemunhei uma cobra devorando um sapo, em uma cena digna de Discovery Channel).

Apesar da opulência de suas estalagens e da paisagem arrebatadora, a cidade é bem simples. Uma imensa planície coberta por uma terra marrom-avermelhada que me fazia lembrar os desertos australianos, localizada na área mais seca do centro do país, e com pouca ou quase nenhuma vegetação. Carro era raridade. Até pessoas e animais eram bem raros (apesar da cobra e do agora falecido sapo que vi na piscina). As ruas são apenas trilhas marcadas no solo. Não há asfalto, sinais, placas ou outras construções que não sejam templos. E os templos são o que define a cidade de Bagan. São mais de 2 mil espalhados por toda parte e construídos no século XI, quando a cidade era a capital do Império da Birmânia. É mais templo do que habitante! A cidade chegou a ter 5 mil templos, até que um terremoto em 1975 botou abaixo mais da metade deles. Em qualquer direção que se olhe é possível avistar uma dezena de templos. Alguns pequenos, como se fossem torres de apenas uns 2 metros de altura, e outros imensos, verdadeiros castelos de pedra com mais de 50 metros. Mas todos seguindo o mesmo estilo arquitetônico e material de construção (tijolos vermelhos). Apesar do calor absurdo que fazia, o meio de transporte predominante era a bicicleta. A tradição na cidade é sair pedalando e conhecendo os templos das imediações. O nosso hotel tinha um estacionamento de bicicletas das quais os hóspedes podiam fazer uso à vontade. Não havia nenhuma moderna, com 18 marchas, amortecedor ou selim acolchoado. Como também não era necessário o uso de equipamento de segurança, como capacete, joelheira ou coisa do gênero. Era pegar uma das bicicletas e pedalar sob o sol escaldante. Passamos o dia inteiro nessa função, o que quase me rendeu uma insolação. Mas ver o pôr do sol do topo do templo mais alto da cidade, com a vista de toda a árida planície e seus milhares de templos em destaque no horizonte, faz valer todo o esforço. E entendemos o motivo de o pôr do sol em Bagan ser "uma das cem coisas para ver antes de morrer", como consta em diversas publicações de turismo.

Bagan era isso. Um visual deslumbrante e incomparável. Talvez um dos cenários mais lindos que já tínhamos visto na vida. Um imenso e belíssimo cerrado com milhares de templos brotando do solo. Mas em poucas horas já tínhamos percebido que mais dias por ali pouco iam acrescentar à nossa história ou ao objetivo de desbravar a verdadeira Mianmar. Óbvio que esta era uma parada superimportante, até para denunciar como um dos lugares mais incríveis e visualmente impactantes do mundo permanecia virtualmente escondido e inacessível por estar encravado no coração de uma implacável e impenetrável ditadura. Em nossa primeira grande viagem com o *Não conta lá em casa*, íamos percebendo que grandes lições estão em lugares onde menos esperamos e podem se apresentar de diferentes formas. O que tínhamos a fazer então era manter a mente sempre aberta, alerta e inquisitiva. Analistas políticos e sociais em tempo real, um processo constante de quebra de paradigmas realizado no calor do momento e na poeira da estrada. Seguindo nosso roteiro, o próximo destino prometia ser um contraponto perfeito à beleza visual sem muito conteúdo humano de Bagan. Íamos pegar um voozinho da Air Bagan (sim, existe) e aterrissar direto em Mandalay, considerada a capital econômica e cultural do país.

Em Mandalay, tínhamos conversas interessantíssimas sem sequer precisar pisar na rua. É que ficamos hospedados na casa de um casal de velhinhos tão fofos quanto esclarecidos na situação geopolítica de seu país. Se alojar na casa de alguém é tradição por lá e uma das poucas formas que os cidadãos têm para fazer um extra. Aumentar a renda familiar dessa forma não é novidade em parte alguma do mundo, mas aqui tinha um sabor bem mais familiar e todo especial. Alugar um quarto não significava apenas ter um teto, uma cama e o direito a uma chuveirada ocasional para os que gostam de banho (o que não costuma ser o caso de Leondre), mas se tornar parte da família. A partir do momento em que decidimos nos hospedar ali, o simpático casal passou a nos tratar imediatamente como seus netos voltando para casa após vários anos na estrada. Sem a menor cerimônia, Vovó, como a apelidamos, entrava em nosso quarto a qualquer hora do dia para nos levar toalhas de banho, mata-mosquitos ou uma mantinha extra para a noite. Quando resolvíamos sair, ela fazia questão de nos preparar um sanduichinho "para viagem". Todos os dias tomávamos o café da manhã no jardim com Vovó e Vovô, que não desgrudava um minuto de seu radinho de pilha. Ela era uma professora de história aposentada e ele, um militar da reserva. Eles

OS PRIMEIROS DOS 1.729 DEGRAUS QUE LEVAM AO TOPO DO MANDALAY HILL.

UFO E LEO CONFEREM AS IMAGENS DO DIA COM NOSSO AMIGO ANANDA NO TOPO DO MANDALAY HILL.

passavam o dia com um leve sorriso no rosto, vendo o tempo passar ou cuidando do jardim. Ambos eram muito cultos, informados e cheios de opinião sobre a situação de seu país, seus generais ("O general é como Hitler", segundo Vovô) e sua grande ídolo, Aung San Suu Kyi. E estavam sempre dispostos a uma boa conversa.

Mais uma vez, a sorte que ainda nos acompanharia em diversas missões nos fez cair direto no colo de nossos queridos avozinhos, tão carinhosos com estes quatro forasteiros a ponto de nos emprestarem a sua maior preciosidade. Na garagem da casa, coberto por um plástico preto e empoeirado, ficava o grande orgulho da família: um táxi clássico de Mandalay, reformado pessoalmente por Vovô do motor à carenagem. Aquele veículo frágil e pequenino parecia mais uma charrete de bodinho dessas de praça de cidade do interior. Só que no lugar do bode havia uma pequena cabine para dois (espremidos) e um motorzinho que dava a impressão de ter sido adaptado de um kart. Esse era o grande troféu da família, que Vovô exibia orgulhoso apenas para visitas especiais. Seu sobrinho era o único autorizado a realizar a manutenção do veículo, pois também o utilizava como ganha-pão: táxi em corridas curtas pelo centro da cidade. Nossos anfitriões tiveram a bondade — e a insanidade — de nos emprestar para uma volta.

A idade avançada daquele singelo veículo, as ruas de terra esburacada e o trânsito caótico somados à direção nada defensiva de Pesca nos fizeram logo abandonar o veículo. E foi justo nesse momento que conhecemos uma das figuras mais marcantes da nossa passagem por Mianmar: o monge Ananda. Após largar o carrinho são e salvo na garagem, resolvemos dar uma volta a pé pelas imediações, a fim de achar um cybercafé para mandar os tradicionais e-mails para casa e dar aquela conferida rápida no Facebook. Apesar de parecer improvável, nosso mapa afirmava que a duas ruas dali havia um pequeno centro com internet. Então, foi para lá que rumamos. Chegando ao local marcado, estranhamos o chão gramado, o silêncio sepulcral, as galinhas ciscando no

NOSSO AMIGO, O MONGE ANANDA.

pátio e uma cabana de madeira ao fundo. Não era o tipo de lugar onde esperávamos encontrar uma conexão à internet ou uma rede Wi-Fi. Lá do fundo do terreno, uma figura saiu lentamente da cabana e se aproximou de nós. Era um monge. Estávamos em um mosteiro budista. Bom, pelo menos ele não estava sob voto de silêncio e ainda falava inglês bem razoável apesar do sotaque (os birmaneses não conseguem pronunciar o som de "v", que sempre sai como um "b". E aí, uma *view* [vista] vira uma *bill* [conta] e você demora dez minutos para entender que não há nada a ser pago). Ananda riu tanto de nosso engano que imaginamos ser impossível achar uma internet na cidade. Mas ele disse que havia sim um cybercafé bem ao lado e que inclusive poderíamos segui-lo, pois ele estava a caminho de lá para checar seus e-mails?! E lá fomos nós, seguindo um monge budista a caráter pelas ruas de Mandalay.

NOSSO AMIGO, O MONGE

O novo amigo era realmente o retrato da bondade. Por conta disso, soavam ainda mais absurdas as atrocidades que a junta militar de seu país cometera contra os monges apenas alguns anos atrás. Em pouquíssimo tempo, Ananda já tinha se tornado quase o quinto integrante do *Não conta lá em casa*. Sem ser invasivo, abusado ou grudento, ele perguntou timidamente se poderia nos acompanhar em nossas caminhadas pela cidade: "É que seria bom para praticar o meu inglês. Não tenho muito essa oportunidade por aqui, como vocês podem imaginar." Poucas horas depois, já tínhamos até esquecido que ele era monge. Brincávamos com Ananda e ele conosco, como se fôssemos todos amigos de longa data. Ele ria e se divertia durante todo o passeio, enquanto nos informava sobre vários aspectos importantes de sua cultura e da vida

COM PAR PAR LAY (AO CENTRO, ALGEMADO), O MOUSTACHE BROTHER NÚMERO 1 (SEGUNDO ELE MESMO) PRESO TRÊS VEZES POR CONTAR PIADAS SOBRE O GOVERNO.

CRIANÇAS BRINCAM NAS AREIAS DE NGAPALI BEACH, O PARAÍSO PROIBIDO NO LITORAL DE MIANMAR.

em Mandalay e Mianmar. Fazíamos graça de nossas diferenças, mas a verdade é que tínhamos mais semelhanças com aquele monge do que poderíamos supor à primeira vista.

Talvez por ter se integrado tão bem ao espírito da nossa equipe, ele tenha nos convencido tão facilmente a subir ao topo da colina que dá nome à cidade. De início parecia uma subidinha tranquila. Ananda anunciava que o percurso era todo pavimentado, coberto por degraus, e que ele cumpria esse ritual de ir até o alto para meditar mais de uma vez por semana. Acontece que não fazíamos ideia do que nos esperava. Eram mais de mil degraus até o topo do Mandalay Hill! A cada 50 metros, um novo templo e mais um interminável lance de escadaria íngreme. O percurso chega tão alto que lá de cima dá para ter uma visão panorâmica da cidade e avistar até mesmo os morros que a separam do Shan State, o território controlado por traficantes de ópio a centenas de quilômetros.

Finalmente, ao dar por encerrada essa extenuante escalada, o misto de cansaço e alívio só nos permitiu largar as mochilas e descansar. Sentados ali no chão, relaxando tranquilamente perto das nuvens do céu de Mandalay, iniciamos uma conversa descontraída sobre os mais variados assuntos com nosso monge-guia. De cultura geral a futebol. Nada de política, liberdade e religião dessa vez. Bebemos um pouco de água, deitamos à sombra e, refeitos do cansaço, nos preparamos para a descida. Foi quando percebemos que do outro lado do morro havia nada mais nada menos que... elevadores! Sim, nós poderíamos ter trocado o exercício de duas horas de escadas, calor, suor e desidratação por um pequeno trajeto de carro e mais uns minutinhos de elevador! Perguntamos a Ananda por que ele não tinha nos avisado desta maravilha da tecnologia instalada ali em pleno Mandalay Hill, e ele disse rindo: "Mas aí teria sido muito fácil! Vocês não dariam o valor merecido." Em uma certa lógica distorcida, faz sentido. Mas preferimos refletir sobre mais este ensinamento budista enquanto descíamos de elevador.

OS IRMÃOS BIGODUDOS

De volta ao sopé da montanha, ainda teríamos mais um programa antes de encerrar o dia, provavelmente um dos mais esperados por todos nós desde que começamos a planejar esta visita a Mianmar. Assistir a um show dos *Moustache Brothers* é uma das referências mais fortes quando se fala nesta fechada ditadura asiática. Os três irmãos bigodudos são conhecidos internacionalmente por causa de sua história revoltante e absurda. É que os três já foram presos e submetidos a trabalhos forçados inúmeras vezes por simplesmente contarem piadas sobre a ditadura de seu país. Cada vez que eram soltos, eles voltavam a realizar seu protesto em forma de comédia. E novamente iam presos. Por isso, são considerados símbolos mundiais da resistência local.

Hoje em dia, o espetáculo é encenado na garagem da casa onde os artistas vivem com suas famílias, que, inclusive, se apresentam com eles. O show inteiro dura cerca de uma hora e na plateia (cadeiras de plástico encostadas em uma das paredes) cabem umas oito pessoas por vez. No nosso dia, éramos apenas quatro brasileiros e dois empolgados holandeses. Os números de dança e esquetes cômicos têm um tipo de humor pastelão clássico, difícil de ver hoje em dia. É um teatrinho *vaudeville* do século passado encenado nos tempos atuais dentro de uma caquética garagem asiática de terceiro mundo. Parecia uma viagem no tempo. Como experiência cultural é ótimo, mas como show é bem distante do que estamos habituados. Foi, sem dúvida, uma valiosa aula de coragem, atitude e amor à liberdade por parte dos heroicos senhores.

É claro que eles não nos deixaram sair de lá sem mostrar o grande momento de glória de suas carreiras. Foi quando foram citados nominalmente em uma cena do filme *Um grande garoto*, com Hugh Grant. Fecham as cortinas (na verdade, só avisam que o show terminou pedindo aplausos) e é o momento de comprar algumas camisetas oficiais dos *Moustache Brothers* de recordação. Assim como você passa na lojinha de suvenires após qualquer grande espetáculo. O detalhe pitoresco é que eram camisas já usadas, de outras marcas e modelos, que eles simplesmente pegaram aleatoriamente e sobre as quais colocaram um *silk* com seu nome. Não dava para deixar de levar!

JANTAR DE DESPEDIDA

Cumpridas as principais tarefas na cidade, percebemos que a grande lembrança que levávamos de Mandalay era exatamente o que esperávamos dela: as amizades que fizemos e as histórias que conhecemos. Um casal de velhinhos, três ex-presidiários comediantes e um monge tinham sido o portão de entrada para a realidade escondida de Mianmar. Todos nos ajudaram muito e terão sempre um lugar guardado nas memórias do *Não conta lá em casa*, mas este último era especial. Ananda tinha se tornado amigo, mesmo. Daqueles com quem a gente quer manter contato e tudo o mais. Tentamos até deixar uma grana com ele, como agradecimento por seus serviços de guia informal. Ele se recusou categoricamente. Tivemos a boa ideia, então, de oferecer um jantar de despedida a ele. Dissemos que era tradição em nosso país e que seria uma enorme desfeita ele não comer conosco, de forma que Ananda não teve como recusar. Uma vez convencido, ele se mostrou muito feliz em dividir com estes quatro brasileiros mais uma experiência de sua vida. A gente só não tinha ideia de quão nova era esta experiência para ele.

O local escolhido para a nossa confraternização foi o restaurante italiano de um hotel, uma das poucas opções na cidade. E, desde o momento em que entramos no local, Ananda parecia encantado com tudo. Da decoração ao atendimento, as cadeiras, a arrumação da mesa, ele fitava tudo, com um olhar curioso e interrogativo. Como se estivesse descobrindo um fantástico achado arqueológico, os apetrechos de uma civilização desconhecida. Escolhemos o item mais básico possível do cardápio e fizemos o pedido para toda a mesa: cinco pizzas de muçarela. Ananda continuava embevecido, perguntando para a gente o que era e para que servia aquele monte de coisas postadas a sua frente. Garfos, guardanapos, saleiro... nada escapava à sua análise minuciosa. A cada explicação, um "ohhh..." impressionado. Até que chegaram as pizzas. "Delícia", disse UFO. "Cheirosa", observou Leo. "Que fome!", exclamou Pesca. "O que é isso?", indagou Ananda. Surreal! Um monge que possuía perfil no Facebook, mas nunca tinha visto uma pizza. Para nossa sorte, ele provou e aprovou. Deve ter ficado até com o telefone de entregas do restaurante, e imagino que o almoço de domingo em seu mosteiro passou a ser mais gostoso depois desse dia.

PARAÍSO PROIBIDO

Aguardando nosso voo, o primeiro de uma sequência de três que nos levariam à praia de Ngapali, último ponto de nossa expedição por Mianmar, já estávamos bem mais relaxados e com a sensação de dever cumprido. O objetivo para o encerramento magistral de nossa viagem era mostrar esse litoral que diziam ser mágico e que prometia ser o verdadeiro paraíso proibido de Mianmar. Dessa forma, teríamos abordado todas as principais questões da polêmica e dramática história desse país. Os voos foram curtos como as aeronaves em que viajamos, e, algumas horas depois, desembarcamos em um aeroporto que seguia o mesmo simplório padrão.

FIM DO DIA EM NGAPALI BEACH, MIANMAR. FOI ESTA IMAGEM QUE ENCERROU O ÚLTIMO EPISÓDIO DE NOSSA PRIMEIRA VIAGEM.

Ao chegarmos à tal praia, nós quatro pensamos a mesma coisa: se tinha um lugar na extensa costa de Mianmar que poderia ser a expressão do paraíso, nós o tínhamos encontrado. Sabíamos que era enorme a possibilidade de darmos de cara com praias incríveis, de areia branca, mar azul e palmeiras. Afinal de contas, tínhamos acabado de pousar num litoral imenso e que era ainda maior em extensão do que o das paradisíacas praias do sul da Tailândia, que recebiam milhares de turistas todos os anos. O que fazia a diferença e tornava a experiência e o local tão especialmente encantadores para nós era que naquela praia em questão só existia a gente. Um paraíso particular, por razões que depois de nossas andanças pelo país ficou ainda mais evidente.

O UFO não se conteve e, antes que pudéssemos nos dar conta do lugar surreal em que nos encontrávamos, já saiu correndo para experimentar as águas mornas e as ondas que quebravam solitárias bem ali na nossa frente. Não demorou muito e todos o seguimos. Meu primeiro (e provavelmente único) mergulho em Mianmar. Para uns seria mais do que um mergulho, mas a primeira sessão de surfe na baía de Bengala. O Pesca não quis nem medir o tamanho das ondas, direção do *swell* etc. Pegou a prancha que trazia com ele desde Yangun e se lançou na água. Leondre não se fez de rogado, só que ele não tinha prancha, ou bermuda ou... nada. Pegou a prancha reserva do Pesca (sem quilhas ou parafina) e o seguiu de cueca, caminhando calmo e tranquilo rumo ao mar, tal qual uma antítese perfeita dos reis havaianos inventores do esporte. Era como se tivéssemos recebido uma merecida recompensa depois de toda aquela peregrinação, e só passava pela nossa cabeça aproveitar cada segundo que teríamos ali.

Quando concebemos esse projeto de viagens, já sabíamos que nosso primeiro destino tinha que ser emblemático. Escolhemos então um autêntico paraíso proibido, escondido pela opressão de uma ditadura brutal e temido pelos mais destemidos viajantes ocidentais. Lá dentro, nos sentíamos como desbravadores ou pioneiros em uma terra desconhecida. Templos milenares, pagodas que alcançavam o céu, praias paradisíacas... Dava até uma certa tristeza não ter com quem compartilhar lugares que poderiam estar atraindo visitantes do mundo todo. Era duro perceber que, apesar da opressão e da falta de democracia, os moradores locais tinham uma intensa vontade de contar suas histórias, seus problemas e seu desejo de mudança. Mas era uma vontade contida pelo medo. Medo dos seus próprios governantes.

O que vivenciamos em alguns poucos dias de viagem era há décadas a luta diária de um povo. E, agora, de uma forma ou de outra, também ia fazer parte da história da nossa vida. O primeiro destino de nosso projeto. Mianmar, ou Burma, ou Birmânia, ficaria para sempre gravado na nossa memória e nas imagens, relatos e histórias que agora a gente ia tentar levar ao maior número possível de pessoas. É assim que tentaríamos fazer a nossa parte. Por mais que pareça difícil, ou que a gente seja apenas um grão de areia nessa imensa praia. Nós agora tínhamos um caso de sucesso, uma prova de que esse sonho não era tão inalcançável assim. Tínhamos uma motivação para ir atrás de outros lugares e mais histórias. De pessoas e lições. Sempre tentando fazer uma diferença. Mesmo que fosse um grãozinho de cada vez.

Fato curiosíssimo com que me deparei na Ásia foi que as pessoas não aceitavam em hipótese alguma notas de dólar velhas. Sua verdinha pode ser de cem doletas, mas, se estiver com um amassadinho, um risquinho que seja, não tem jeito. Seja pagando um "pad thai" (prato clássico de macarrão com legumes e molho agridoce vendido em carrocinhas de ambulantes) nas ruas de Bangcoc ou em uma casa de câmbio oficial em Kuala Lumpur, para uma nota que não estiver impecável a resposta vai ser sempre a mesma: "Desculpe, notas velhas são um problema para a gente." Você pode perguntar até ao rei da Tailândia o motivo dessa prática pouco usual, mas ninguém vai saber dizer o porquê do preconceito com as notas mais "rodadas". Um não aceita porque não vai poder repassar ao outro, que não vai poder repassar adiante... e assim sucessivamente.

REPÚBLICA DEMOCRÁTICA POPULAR DA COREIA

Governo	Ditadura militar com líder supremo (Kim Jong-un)
Capital	Pyongyang
Idioma	Coreano
Moeda	Won (KPW)
População	23.906.000
IDH	75º lugar
Internet	Inacessível ao povo e a turistas

Durante a produção deste livro, o "querido líder", Kim Jong-il, veio a falecer. Seu filho, Kim Jong-un assumiu então o seu lugar como presidente em exercício.

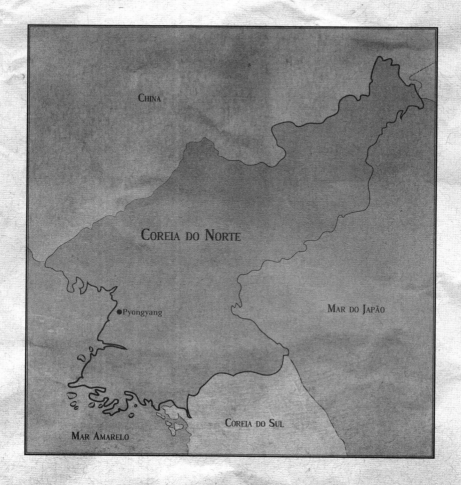

SOFRENDO POR ANTECIPAÇÃO

Parando para pensar, ter saído vivo de Mianmar já era lucro. Não fomos sequer para cadeia! Conseguimos filmar muito mais do que o esperado. E não foi qualquer tipo de filmagem, não: voltamos com relatos e declarações altamente reveladoras de membros em destaque da população local. Isso tudo foi realizado dentro de uma das ditaduras mais duradouras e opressoras do mundo! Talvez isso tivesse deixado a gente um pouco confiante demais. Dessa forma, acabamos escolhendo nossa próxima parada no roteiro ainda totalmente movidos pela empolgação. Decidimos logo por uma missão impossível. Por aquele que talvez fosse o destino mais contraindicado do mundo, ainda mais para os nossos propósitos: entrar em um país disfarçados de turistas normais e registrar imagens da realidade local. Revelando segredos, expondo mazelas e denunciando crimes geopolíticos em um programa de TV.

A Coreia do Norte não parecia o melhor dos lugares para um projeto que apenas começava a decolar. Na verdade, não parecia o melhor dos lugares para muitas coisas. Basicamente, o que a gente sabia da Coreia do Norte é que era um país onde não existia turismo. As poucas informações que chegam até o Ocidente sobre este vizinho esquisito da popular Coreia do Sul, de Copas e Olimpíadas, vinham de fontes pouco confiáveis, como George W. Bush, por exemplo. Mas também, líder esquisito por líder esquisito, a Coreia do Norte não ficava para trás. Kim Jong-il e, antes dele o seu pai, Kim Il-sung nunca fizeram muita questão de abrir o país para o exterior, e essa é uma das principais características que conseguimos apurar em pesquisas e por meio de contatos (nenhum deles do lado de dentro do país, obviamente). É como se a Coreia do Norte fosse uma bolha comunista impenetrável. Quem está dentro não sabe o que se passa aqui fora e vice-versa. Um país governado por excêntricos líderes que se incorporam à identidade de seu país e, advogando em causa própria, tornaram-se verdadeiras entidades mitológicas para o seu povo. Tratados por "Grande Líder" e "Querido Líder", Kim Il-sung e Kim Jong-il são quase semideuses venerados pelos norte-coreanos. Um país superfechado, militarizado, misterioso, potencialmente perigoso e, é claro, inimigo das câmeras de filmagem. Pensando bem, era o destino perfeito para o *Não conta lá em casa*.

O principal nessa história toda é que a gente não podia perder a data do Arirang. O Arirang é um tipo de espetáculo que pode ser comparado — segundo os poucos que tiveram o privilégio de testemunhá-lo — a uma abertura de Olimpíadas elevada à décima potência. Seu grande destaque são os mosaicos e as coreografias formados por centenas de milhares de coreanos roboticamente ensaiados com o objetivo não só de produzir um magnífico efeito visual como de comprovar a valorização do coletivo sobre o indivíduo, mostrando que a sociedade está acima do pessoal, segundo manda a cartilha mais básica do comunismo. Recentemente reconhecido pelo *Guinness* como o maior espetáculo do gênero no mundo, é durante o período do Arirang que os coreanos ficam mais relaxados em relação à entrada de estrangeiros no país. Trata-se de um imenso festival artístico, mas que não pode ter seu pano de fundo político ignorado. Nessa época, o orgulho nacional fala mais alto e as autoridades oficiais norte-coreanas "permitem a entrada no país até de americanos" que queiram testemunhar o grandioso evento, que celebra o nascimento do presidente eterno Kim Il-sung.

GOOD MORNING, PYONGYANG!

Diz-se por aí que país que se autointitula democrático raramente o é. Mas estávamos até acostumados; antes mesmo de cruzarmos as fronteiras da República Democrática Popular da Coreia, já tínhamos percebido, durante a nossa árdua busca por corriqueiros vistos de entrada no país, que os trâmites tradicionais não se aplicavam à realidade deles. Na verdade, como perceberíamos nas semanas seguintes, a realidade deles é tudo, menos "real". Então, depois de passar por todo tipo de perrengue, burocracia, formulários e entrevistas, a gente já estava aceitando até mesmo ir a pé para a Coreia do Norte, desde que nos garantissem os temidos vistos!

O processo de obtenção desses preciosos documentos de entrada já vinha se arrastando por meses. Em função de nosso cronograma, não tínhamos como adiar mais. Seria tentar uma loucura ou encarar a seguinte realidade: a de que jamais iríamos entrar na Coreia do Norte. Quanto mais gravar um programa de TV! Depois de nossos insucessos em solo brasileiro, quando tentamos por quase um mês obter o valioso papel através de caríssimas ligações para embaixadas do outro lado do mundo, e até pegando um voo para Brasília na tentativa de tirar o visto na embaixada norte-coreana em nosso país, aceitamos que a última e arriscadíssima chance seria voar para Pequim e tentar realizar o processo todo por lá. A maioria dos raros voos e trens partindo com turistas para a Coreia do Norte sai da capital chinesa. Então, havia pelo menos uma lógica mínima em levantar todo o dinheiro necessário para a empreitada e viajar até o outro lado do mundo agarrado a uma remota chance de alcançar nosso objetivo. E foi isso que fizemos.

A missão Coreia do Norte já começou a mostrar suas primeiras dificuldades ainda na China. Era mais fácil esbarrar com Yao Ming[1] nas ruas de Pequim do que achar um chinês que falasse inglês. Ler placas ou mapas: sem chance. Sair do aeroporto, pegar o trem, arranjar um hotel, descobrir onde ficava a embaixada... Cada uma dessas etapas cotidianas revelava-se um exercício herculeo de paciência e determinação. Porém, uma vez que demos entrada ao processo, nosso foco era um só: entrar na Coreia do Norte a qualquer preço.

[1] Jogador de basquete chinês que ficou popular ao defender a equipe do Houston Rockets na NBA, a liga de basquete profissional americana.

Estava cada vez mais complicado ficar naquela de *Beijing, Beijing* e nada de tchau, tchau. Seguíamos prontamente à risca todas as exigências do corpo consular norte-coreano, aonde íamos quase duas vezes por dia para preencher papéis, mas a cada dia aparecia uma nova etapa a ser cumprida no interminável processo de obtenção dos vistos. Estávamos há mais de uma semana na China, já tínhamos visitado a Muralha, o Parque Olímpico, a Cidade Proibida... Apesar de grande, estavam acabando os lugares a se visitar (e nosso dinheiro). Até que um telefonema confuso no início da noite nos convocou para um encontro suspeito, em um restaurante nas proximidades. Fomos descobertos, foi o primeiro pensamento. Mas, àquela altura, o máximo que poderia acontecer era termos nossa entrada na Coreia negada, o que inclusive já parecia bastante provável. Nosso interlocutor garantia ser da Agência Nacional de Turismo Norte-Coreana e ter importantes informações sobre nossos vistos. Colocamos nossa melhor roupa e fomos encontrar a autoridade, o tal Mr. Tao.

Fumando sem parar dentro do restaurante, Mr. Tao nos cumprimentou rapidamente sem sequer nos olhar. Pegou o que restava de nossa papelada, deu uma rápida lida e disse: "Vocês embarcam para a Coreia do Norte amanhã, de trem, direto para Pyongyang. Lá estarão dois funcionários do governo aguardando vocês. Eles lhes darão mais informações." Entregou nossos passaportes, passagens e vistos, levantou-se e deixou o restaurante sem olhar para trás. Tchau e bênção. *That's it*. Conforme fora definido pela Agência Nacional de Turismo Norte-Coreana, e nos comunicado apenas um dia antes da partida, seguiríamos para a Coreia do Norte do modo e no horário por eles determinados. Logo de cara, uma decisão nada democrática da República Democrática Popular da Coreia.

Só que existia um pequeno problema. Nem tão pequeno assim: o nosso amigo Felipe UFO, que ainda não havia desembarcado na China, ou melhor, nem saíra do Brasil. Sem poder se ausentar em razão de compromissos pessoais, UFO tinha deixado toda a sua documentação conosco e prometido nos encontrar em Pequim assim que nossa entrada na Coreia do Norte estivesse garantida. Nunca poderíamos imaginar que isso só aconteceria com a data de embarque marcada e as passagens na mão! Seria a primeira vez, na curta história do programa, que viajaríamos com a equipe desfalcada. Ninguém teve culpa. Não foi falta de planejamento ou má vontade. Além de Mr. Tao, claro. Até hoje nosso amigo lamenta este episódio. Dedico este capítulo a ele, então. Uma homenagem como forma de aliviar a tristeza por não ter visitado conosco esse inusitado recanto comunista. Mas, conhecendo-o como o conheço, acredito que ele ficará ainda mais revoltado.

Bastidores de produção: Em nossa primeira temporada, gravamos todos os episódios quase que de uma tacada só. Apresentamos o projeto do *Não conta lá em casa* para o *Multishow*, que nos pediu um piloto. Levantamos o orçamento de modo independente e partimos para Mianmar. De lá, voltamos com mais de cinquenta horas de imagens. Editamos quatro episódios e mostramos para o canal, que gostou do que viu. Fechamos um contrato para a produção de uma primeira temporada de 14 episódios. Decidimos completá-la com Coreia do Norte, Irã e Iraque, abordando o polêmico "Eixo do Mal", nas palavras do ex-presidente americano George W. Bush. Usando Istambul, na Turquia, como base de operações, faríamos as viagens em sequência e só voltaríamos ao Brasil após percorrer todo o nosso roteiro. UFO teve então que nos encontrar no meio do caminho, na Turquia, quando voltamos da Coreia do Norte. E dali seguimos todos juntos para o Irã.

24 HORAS

Para nosso alívio, o trem que nos levaria até a capital da Coreia do Norte era cabine e não leito. Com a ausência de UFO, tivemos que dividir um desses quartinhos que comportavam dois beliches com um japonês de uns trinta e poucos anos que, por razões obviamente paranoicas (porém justificadas), foi logo apelidado carinhosamente de X9 e tratado com extrema desconfiança. Descobrimos também, e somente após o embarque, que não haveria qualquer tipo de "serviço de bordo". Viajantes precavidos, já havíamos adquirido mantimentos para as 24 horas de viagem que teríamos pela frente: quatro pacotes de biscoito Oreo e três garrafas de 500 ml de água. Mas, para nossa alegria e surpresa, após umas 15 horas de viagem nos foi oferecido um almoço por conta da casa (ou do trem). Galinha frita, carne frita, peixe frito e outras guloseimas não identificadas, também fritas. Demos uma rápida cutucada com os *hashis* no prato e decidimos voltar para os Oreos. Como se não bastassem a fome e o cansaço, ao cruzarmos a fronteira da Coreia do Norte encaramos uma inspeção obrigatória na alfândega que durou mais de três horas. Isso porque não há sequer uma máquina de raios X, nem nada remotamente automatizado além dos soldados que conduziam mecanicamente a revista. Todo o processo tem que ser realizado manualmente pelos circunspectos oficiais que analisavam mochila por mochila, mala por mala, bolsa por bolsa. O jovem cadete que investigou minuciosamente minha bagagem ficou muito mais preocupado com o livro que eu levava (a biografia do falecido diplomata brasileiro Sergio Vieira de Mello) do que com meu laptop. Vai entender.

Ainda na China, já havíamos recebido dos funcionários da embaixada um comunicado com recomendações importantes para o turista que deseja visitar a Coreia do Norte. Um calhamaço de quase vinte

O BEM SERVIDO E BEM PITORESCO ALMOÇO NO TREM A CAMINHO DE PYONGYANG.

SONG YAM DE GUARDA-SOL, LEONDRE FILMANDO COM UMA MINÚSCULA HANDYCAM, PESCA COM A CAMISA DA SELEÇÃO BRASILEIRA E MR. OH ESBOÇANDO UM SORRISINHO.

páginas com proibições e exigências das mais bizarras. Para não assustar logo de cara o potencial visitante, eles primeiro apresentavam uma lista com o que era permitido, como ter cabelo comprido ou usar jeans. Talvez para mostrar que não eram tão durões assim. Apesar de o efeito prático ser exatamente o contrário. Mas logo deixavam registrado que estavam terminantemente vetadas desde camisetas com slogans em inglês até "itens de produção cultural ocidental"! Jornalistas também não eram bem-vindos. O que era mais complicado no nosso caso se encontrava no Artigo 4º do parágrafo 21 da página 15: câmeras fotográficas com lentes superiores a 50mm estavam absolutamente proibidas. O jeito foi, novamente, improvisar. Decidimos realizar todo o nosso programa filmando escondido com uma *handycam* emprestada. Uma dessas maquininhas digitais que você compra de última hora no aeroporto quando esqueceu a sua em casa. Simples e de qualidade duvidosa, mas que pelo menos não despertaria maiores interesses da equipe de inspeção do trem. Esse pequeno artefato tecnológico entrou para a história ao eternizar um dos momentos mais tensos do programa. Justamente a filmagem dessa rotina de inspeção dos oficiais norte-coreanos. A olhadinha do soldado diretamente para a lente da câmera camuflada entre nossas mochilas me dá até hoje um frio na espinha. Mas nossa bagagem foi finalmente liberada. Assim sendo, nos autorizaram finalmente a seguir viagem em direção a Pyongyang!

Como bem disse Leondre, após mais algumas horas na estrada, já dentro do território norte-coreano, a paisagem era de uma monotonia só: campo de milho, campo de arroz, cartaz do "Grande Líder", milho, arroz, milho, "Grande Líder"... Esses cenários repetitivos iam se fundindo uns com os outros, e o sono e a letargia aumentavam embalados pela sinfonia metálica das engrenagens do trem. Era mais fácil esquecer-se de olhar o relógio e perder completamente a noção da passagem do tempo. A fronteira entre o que é real e o que não é fica bem difusa. O inconsciente invade o consciente e vice-versa. É literalmente sonhar acordado. Ainda mais quando se está imerso em uma situação que beira o surreal. Não só no plano visual como no plano psicológico. O que era mais bizarro? As cenas de asiáticos cultivando campos de arroz sob a mira de rifles do século passado (eu vi mesmo isso?) ou o fato de estarmos a algumas horas de tentar filmar um programa de TV dentro da ditadura mais fechada do planeta? Só "acordei" quando uma senhora coreana devidamente uniformizada adentrou nossa cabine e informou: "Koya nishi otogui PYONGYANG!" Ou algo assim. O único que respondeu foi o X9, nosso companheiro de vagão, mas todos entendemos a mensagem. A viagem ia chegando ao fim, para alegria de todos os brasileiros, e "japoneses", da nossa cabine.

A GUIA E "O GUIA"

Finalmente, desembarcamos na estação de Pyongyang, e a demora de alguns minutos para que nossos guias se apresentassem já provocara na gente ideias de uma fuga pela Coreia do Norte com direito a jornalistas presos[2], intervenção diplomática, Obama, ONU, CNN... Mas logo chegaram a jovem Song Yam e o indefectível Mr. Oh, que se tornariam nossos companheiros inseparáveis durante os próximos dias.

Um dos alertas que nos fizeram quando começamos a falar sobre a possibilidade de visitar a Coreia do Norte foi o de que o tempo todo teríamos em nossa cola dois funcionários da entidade estatal de turismo. O objetivo deles seria nos guiar, acompanhar e, sobretudo, vigiar. E era justamente por isso que vinham em dupla. Um deles era o guia de

---

[2] Em 2009, duas jornalistas americanas foram presas e condenadas a 12 anos de trabalhos forçados por terem entrado ilegalmente na Coreia do Norte. Foi preciso a intervenção direta do ex-presidente Bill Clinton, que viajou à RDCN para conseguir a libertação de ambas.

verdade, que definia um roteiro e apresentava os monumentos e locais históricos, além de fornecer detalhes e dados sobre estes. O outro era "o vigia". Um funcionário que nos acompanharia também em tempo integral, mas que pouco interagiria. Este "guia" não iria contar detalhes sobre monumentos ou discorrer sobre as incríveis lendas que ilustravam feitos marcantes da história norte-coreana: sua função estava estritamente ligada à segurança. Obviamente, não à dos turistas em questão, mas à da soberania nacional. A ordem dele era verificar se os visitantes não estariam ali com segundas, terceiras ou quartas intenções. Cabia a ele perceber se, em uma falsa atitude "turística", seus convidados não estariam querendo saber demais ou levar para fora do país informações que pusessem em risco a soberania nacional. No nosso caso, ficava bem fácil identificar que papel cumpria cada um dos membros daquele insólito casal. Song Yam era uma jovem de 27 anos que vestia roupas clássicas (blusa abotoada até em cima, uma gravatinha de laço e saia na altura do joelho). Seu cabelo preto e comprido estava sempre arrumado em um distinto rabo de cavalo e sua pele, branquíssima, sempre discretamente maquiada. Uma jovem coreana tipicamente tímida, mas muito atenciosa e simpática. Além de muito bonita. Mr. Oh, por sua vez, era um senhor de meia-idade e baixa estatura, mas que parecia em plena forma física. Seu cabelo grisalho era cortado no estilo militar e as roupas sociais pretas que vestia tinham caimento impecável. Quando Mr. Oh involuntariamente sorria de alguma coisa, parecia meio desconcertado, e logo reassumia o seu tradicional ar circunspecto, como se tivesse pego a si mesmo em flagrante delito.

Song Yam adorava interagir com a gente e ria muito de nossas piadinhas, mesmo as sem graça, que eram maioria. Esperávamos encontrar em uma jovem coreana uma pessoa meio ressabiada e desconfiada de estrangeiros, sobretudo garotões ocidentais metidos a espertos. Mas esse não era nem de longe o caso de Song Yam. Na verdade, a impressão é que ela parecia meio alheia aos males do mundo. Como se a blindagem

GRAÇAS À FORTE "RECOMENDAÇÃO" DE NOSSOS GUIAS, DEPOSITAMOS FLORES AOS PÉS DA ESTÁTUA DO "GRANDE LÍDER" KIM IL-SUNG.

PESCA REPRESENTANDO O BRASIL EM FRENTE À IMPONENTE ESTÁTUA DE BRONZE DE KIM IL-SUNG, NO CENTRO DE PYONGYANG.

de seu país a qualquer informação que vem de fora a tivesse tornado uma inocente criança de 27 anos. Ela era culta, articulada e dona de um inglês perfeito. Mas o seu mundinho era aquele propagandeado pelos meios de comunicação oficiais desde que ela nascera. Algum conhecimento político, mas muita informação distorcida e paranoica. Nenhuma capacidade de relativização.

Certo dia, dentro da van exclusiva que usamos em nossos traslados pelo país, tivemos um papo mais profundo entre uma cochilada e outra de Mr. Oh. Song Yam nos perguntou como era a educação em nosso país. Começamos a explicar que havia ensino público e particular, e que, portanto, um era gratuito e... Ela nos interrompeu de imediato com uma expressão consternada no rosto: "As pessoas têm que PAGAR por educação?" No que respondemos sim, ela colocou as mãos sobre os ombros do Pesca e, com um olhar sinceramente pesaroso, disse: "Coitadinhos de vocês, brasileiros." A eterna mania de perseguição também se manifestava a toda hora. Para ela, e nesse caso o discurso era sempre corroborado por um aceno de cabeça firme de Mr. Oh, os EUA eram o demônio com a permanente intenção de destruir a Coreia do Norte que, por sua vez, testava armamentos nucleares com o único desejo de se defender. Quando indagados por que haveria esse interesse por parte dos norte-americanos, eles apenas diziam como se fosse bastante óbvio: "Ora, porque somos um país muito poderoso!" Fim de conversa.

Outra forma mais divertida de constatar a espessura da bolha que mantém os norte-coreanos afastados de qualquer tipo de contato com o mundo exterior aconteceu logo na nossa chegada ao país. Seguindo mais um item da enorme lista de recomendações para o turista na Coreia do Norte, levamos presentes para os guias. Para Song Yam, flores. Para Mr. Oh, o item mais representativo e cobiçado em nossos esforços diplomáticos mundo afora: uma camisa da seleção brasileira com o número 10 nas costas. Ao receber o regalo, Mr. Oh pareceu meio confuso, sem entender direito o que era aquele espalhafatoso item de vestuário. Até que explicamos que se tratava do uniforme oficial da seleção de futebol do Brasil. "Ohhhh...", ele exclamou arregalando os olhos, mais por educação do que por admiração, e completou: "Maradona!" Fim de conversa.

DORMINDO COM O INIMIGO?

O hotel onde ficamos hospedados era padrão cinco-estrelas comunistas. Somente nossos guias, o jantar de recepção e o staff já dariam material para 15 capítulos desse livro. Éramos tratados como verdadeiros chefes de Estado ou estrelas de Hollywood em visita à terra de Kim Jong-un. O imenso prédio em um local afastado da capital era muito bem-cuidado, limpo e imponente. O lobby era imenso, com um pé-direito de mais de 20 metros. Parecia a imensa entrada de um museu ou a nave de uma enorme catedral. Os salões de refeição seguiam a mesma suntuosa linha. Tudo aquilo resultava em um visual propositadamente grandioso. Só pecava na decoração exageradamente opulenta e datada. Pouco víamos outros hóspedes e parecia um tanto excessivo os quase dez funcionários só para nos servir o abastado dejejum. Vez ou outra cruzávamos com pequenos grupos solitários de ocidentais entrando no café da manhã ou saindo dele em partida em suas vans para um dia de passeio, sempre acompanhados de sua respectiva dupla de guias. Parecia haver uma agenda toda planejada com total atenção e dedicação exclusiva a cada grupo. Uma forma de cuidado no atendimento e, é claro, de controle. Nossas refeições ficavam ainda mais hollywoodianas quando sentávamos sozinhos em um salão para duzentos lugares e nos servíamos em uma mesa com mais de vinte opções de pratos que apresentavam o melhor da culinária oriental e até ocidental (ou uma versão caricata desta).

Quem se hospedava também no nosso hotel, completando o pequeno número de hóspedes, era ninguém mais, ninguém menos, que nossos guias, Mr. Oh e Song Yam (quero acreditar que em quartos separados). Ficamos sabendo que era outra recomendação do governo, para que, segundo eles, "tivéssemos nossas necessidades atendidas a qualquer hora do dia ou da noite". Aham, sei. Estávamos era participando involuntariamente de uma espécie do Big Brother Coreia do Norte. Boatos na internet garantiam inclusive que os quartos em que dormíamos eram equipados com microfones escondidos e tinham o telefone grampeado. Demos uma leve vasculhada, mas depois pensamos que poderia haver também câmeras secretas que nos flagrariam procurando os tais microfones. Imaginamos a cena de um oficial do governo norte-coreano rindo ao conferir nos monitores de segurança a cena de três brasileiros atrapalhados ao caçar escutas inexistentes em silêncio absoluto sob os olhos de câmeras escondidas. Abortamos a missão.

Certo dia, eu e Leo descemos mais cedo para o café enquanto Pesca ainda escovava os dentes. Assim que chegamos ao saguão, demos de cara com nossos sorridentes guias, que já nos aguardavam de prontidão, como em todas as manhãs. Ao perceberem a falta do terceiro membro de nossa equipe, fizeram uma expressão de preocupação que parecia coreografada, e Song Yam perguntou: *"Onde está Bruno?"* Foi a deixa para que Leondre atacasse com mais uma gracinha de seu arsenal de piadas desconcertantes: "Bruno acordou mais cedo e foi fazer *cooper* pela cidade!" A fisionomia de preocupação mudou rapidamente para a de terror, como naquele efeito especial do clipe de "Black and White", do Michael Jackson. Quando parecia que Song Yam ia soltar um grito de alarme e Mr. Oh sacar alguma arma letal de dentro da camisa, esclarecemos rapidamente que era apenas brincadeira e que Pesca já estava descendo. Ficava claro que aquele, dentre todos os destinos do planeta, não era o lugar mais indicado para testar as piadinhas politicamente incorretas de nosso grupo.

Além de grandioso, o hotel era bem estruturado em termos de atendimento e serviços. Claro que não havia internet. A Coreia do Norte definitivamente era uma provação para os nerds. O máximo de contato permitido com o mundo virtual era através do envio de e-mails. Sim, só envio. Nada de receber mensagens da namorada, arquivos anexados, Power Points motivacionais da mamãe ou spam de aumento peniano. E, ainda assim, o e-mail a ser enviado devia ser preenchido em um formulário especial e enviado por meio de uma das agências oficiais dos correios do país. Sabe-se lá quando ou como essa mensagem iria chegar ao seu destino. Teria sido mais fácil escrever em um papel, colocar dentro de uma garrafa e jogar no oceano Pacífico.

Nosso quarto no 19º andar era confortável e bem equipado. Havia um chuveiro com água quente, camas limpas e até TV a cabo. Com poucos canais, é verdade, mas estavam lá a BBC e a CNN, estandartes da mídia ocidental. Resolvemos perguntar a Song Yam se eles também podiam curtir essas regalias televisivas enquanto estavam hospedados no hotel com a gente. Um pouco temerosa, e verificando se Mr. Oh não a escutava, ela revelou que não. E nos contou que em seu andar a TV só pegava o canal de notícias locais. A realidade, mais uma vez, parecia muito longe da vida de nossa jovem amiga.

Assim que botamos o pé na Coreia do Norte, nossos guias apreenderam nossos passaportes. "Não se preocupem com isso", nos disseram, como se fosse a coisa mais normal do mundo. Confesso que, para alguém que já perdeu o passaporte e todo o dinheiro que possuía durante uma viagem de mochilão pela Europa, o governo norte-coreano provavelmente era mais indicado para tomar conta de meus documentos do que eu mesmo. Ainda assim, não fiquei muito confortável com a situação. Outras estranhas regras também nos foram colocadas antes mesmo de nossa primeira saída por Pyongyang. A primeira era que filmagens só com autorização oficial pedida com dez dias de antecedência (bela estratégia, já que só tínhamos permissão para ficar no país por oito). E a segunda era "A Medida Pesca", como batizamos depois da piadinha do Leondre: se quiséssemos sair por conta própria pelas imediações do hotel, não deveríamos ultrapassar uma cerca que ficava a poucos metros da entrada principal. Mas, apesar da estranheza que essas normas ultrarrígidas nos causavam, fomos percebendo mais uma vez aquele clichê máximo que nos acompanha em todos os nossos destinos inusitados: no fundo somos todos iguais. Aos poucos íamos — com uma certa dose de simpatia, um pouco de jogo de cintura e muita cara de pau — ganhando a confiança de nossos guias, que eram também os nossos embaixadores particulares durante a estada na inusitada república comunista. Pouco a pouco, conseguimos até ampliar a zona liberada para filmagem (mesmo com nossa digitalzinha de bolso). Não só isso, mas conseguimos também tirar muitas dúvidas com eles. E eles próprios passaram a ficar cada vez mais à vontade conosco. Inclusive começando a colocar para nós as suas próprias questões e, mais interessante ainda, curiosidades sobre o "mundo exterior". Suas perguntas, mais até do que as respostas, davam a medida do quão incrivelmente isolada é a Coreia do Norte. As teorias inacreditáveis e as versões distorcidas não soavam como má intenção, lavagem cerebral ou medo de repressão, eles simplesmente vivem em uma bolha socialista. Song Yam e Mr. Oh representavam um povo imerso em uma espécie de universo paralelo em algum lugar do passado. Eles viviam uma outra realidade muito, mas muito distante da nossa.

Entre dezenas de paradas para visitar monumentos ou instituições públicas (todos em homenagem ao "Grande Líder") e conversas dentro de nosso ônibus de excursão exclusivo, dois eventos ganham destaque.

PARA FAZER UMA MÉDIA COM NOSSOS ANFITRIÕES, SENTAMOS DO LADO NORTE-COREANO NA MESA ONDE FOI ASSINADO O ARMISTÍCIO NO FINAL DA GUERRA DA COREIA.

MOSAICO HUMANO FORMA A BANDEIRA DA COREIA DO NORTE... QUE TREMULAVA!

O primeiro deles sendo o Festival Arirang, um espetáculo que, sem exagero, deixa qualquer abertura de Olimpíadas no chinelo, com coreografias e mosaicos gigantes, que merecidamente lhe dão o título de maior espetáculo da Terra. São mais de cem mil pessoas, entre estudantes, membros do exército e funcionários do governo, perfeitamente ensaiadas, participando de apresentações de música, teatro e acrobacia. Em um dos lados do estádio, a arquibancada inteira é reservada em sua totalidade para a grande atração do evento. A exibição de mosaicos humanos de deixar o maior fã de computação gráfica de queixo caído! Alguns deles apresentando intricadas cenas animadas (até hoje não entendo como eles fazem isso). O espetáculo tem como objetivo contar as lendas, feitos históricos e, principalmente e como não podia deixar de ser, exaltar os líderes da Coreia. Os mosaicos desenham de forma lindíssima retratos majestosos dos grandes líderes, imagens idílicas do heroico povo norte-coreano e até uma pistola automática. Sei lá por qual motivo.

O outro evento que marcou nossa viagem foi a visita à DMZ, a zona desmilitarizada na divisa entre as duas Coreias. A zona neutra na fronteira corta a península coreana quase que na metade e foi instituída após a Segunda Guerra, com a rendição do Japão, que controlava a Coreia então unificada. Com aval das Nações Unidas, Estados Unidos e União Soviética dividiram o país em duas zonas de influência: o norte comunista e o sul capitalista. Em 1950, a Coreia do Norte invadiu a do Sul, no primeiro conflito armado da Guerra Fria. As forças comunistas venceram a barreira da DMZ e avançaram em território sul-coreano, mas tiveram seu ataque rechaçado, sendo empurradas de volta a sua posição original. Depois de três anos de combates e milhões de civis mortos, um armistício foi assinado pondo fim aos combates. Desde então, apesar das medidas preventivas e leis internacionais de regulamento, diversos incidentes já ocorreram. E a DMZ ficou conhecida como uma das fronteiras mais tensas do mundo. A impressão que se tem é a de que se pode cortar a tensão no ar com uma faca. Coreias do Sul e do Norte se encarando permanentemente. Frente a frente com suas diferenças, passado, presente e futuro. Vinte e quatro horas por dia, todos os dias da semana. Nações separadas apenas por alguns poucos metros. Nada de muros, apenas uma marcação no chão representando o limite territorial exato entre os dois países. Tenso! Quando visitamos a sala onde foi assinado o armistício, tamanha era a sensação de intimidação que, quando o oficial nos ofereceu um assento na tal mesa de assinatura do tal tratado, nós três logo pulamos para nos sentar do lado norte-coreano. Não custava fazer um agrado aos nossos anfitriões, né?

Apesar do clima de tensão em Panmunjom, onde está localizada a DMZ, poucos incidentes têm sido registrados nas últimas décadas. Mas sua história é marcada de entreveros, invasões, espionagem e ameaças que acumulam algumas centenas de mortes desde a criação desta. Geralmente da parte da Coreia do Norte, que jamais assume a responsabilidade pelos ataques. O episódio mais violento e curioso ficou conhecido como "Os assassinatos do machado". Em 1976, uma árvore que havia crescido em uma área neutra do local estava atrapalhando a visão de uma torre de vigilância da Coreia do Sul. Dois oficiais norte-americanos das Nações Unidas acompanhados por um grupo de soldados sul-coreanos seguiram até o local para podá-la. Chegando lá, foram interrompidos por uma dezena de soldados norte-coreanos e seu comandante. Eles alertaram que era necessário parar com o corte da árvore, pois esta tinha sido plantada e regada pelo próprio Kim Il-sung (?!). Os oficiais americanos ignoraram a ordem e prosseguiram com a tarefa. Nesse momento, o comandante norte-coreano desfere um golpe fatal de caratê (!!!) no líder do grupo da ONU e ordena que seus soldados "Matem os bastardos!". Usando os machados largados pelos cortadores da árvore, eles atacam os soldados adversários e ferem mortalmente o outro oficial norte-americano. Como resposta, a ONU, os EUA e o exército sul-coreano realizam uma operação conjunta envolvendo vários batalhões, helicópteros e jatos e, finalmente, conseguem pôr abaixo a tal árvore de Kim Il-sung.

ALÉM DA IMAGINAÇÃO

O que faz da Coreia do Norte uma experiência totalmente singular e incomparável talvez seja justamente a forma como eles lidam com o turismo e conosco, os "turistas". Exemplos:

1) Em nenhuma ocasião ingressamos nos eventos, museus ou outros locais pela entrada comum ou junto da população local. Éramos sempre escoltados sem escalas até os assentos VIP e de lá retirados de volta para dentro do ônibus por espécies de passagens secretas que nos mantinham devidamente afastados do povão.

2) Os intervalos para o almoço durante nossos passeios eram mais do que bem-servidos. Eles eram compostos por entrada, petiscos não identificáveis, salada, prato principal, acompanhamentos, sobremesa, chá e biscoitos que sempre nos obrigavam a dizer: "Estamos mais que satisfeitos, obrigado."

3) As crianças-prodígio magistralmente ensaiadas nos aguardavam com apresentações rebuscadas a cada sala em que entrávamos "por acaso" em nossas várias visitas a escolas de artes e universidades. Elas eram ingênuas ferramentas a serviço do sistema, e esse teatro ensaiado para os turistas acabava revelando outra faceta do regime comunista norte-coreano.

4) E, por fim, o próprio fato de esbarrarmos sempre com os mesmos poucos turistas e seus guias, que deviam estar fazendo o mesmo circuito predeterminado que o nosso, apenas com algumas horas (ou minutos) de diferença. Em uma parada qualquer dessas, encontramos até com o querido X9, nosso companheiro durante as 24 horas de trem de Pequim a Pyongyang, provando que seu apelido era totalmente injustificado, coitado.

Um detalhe que chamou a atenção, e que talvez represente muito mais do que dados políticos e episódios históricos, aconteceu em um singelo passeio ao circo. Mais uma vez, por meio de nossa querida interlocutora Song Yam. Já era tarde e, como última parada no nosso roteiro do dia, fomos levados a esse renomado espetáculo circense de Pyongyang. Nada no estilo circo do interior, não. A enorme produção estava mais para atração de parque temático de Orlando (EUA), mesmo. Apesar de todo aquele ambiente e aquelas atrações, essa parada em especial tinha bastante significado e representava muito do que estávamos descobrindo em nossa passagem pela Coreia do Norte. "Descobrir" parecia mesmo o verbo perfeito a ser aplicado aqui. Afinal, para variar, fazíamos parte de um reduzido e excêntrico grupo que não só QUER visitar a Coreia do Norte, mas que efetivamente CONSEGUE chegar até lá.

Durante as apresentações no picadeiro, mais do que a concentração, disciplina e seriedade que permitiam que aqueles artistas realizassem façanhas acrobáticas dignas de medalha de ouro, outro detalhe quase passava despercebido. Era o olhar de nossa guia, enquanto assistia às performances e brincadeiras no palco. Principalmente às inocentes trapalhadas dos palhaços. Song Yam exibia um olhar de puro encantamento e diversão sincera! Uma leve inocência que dificilmente veríamos em uma adolescente ocidental, criada à base de iPods, TV a cabo e internet. Ficava cada vez mais claro para a gente que todas as lendas e histórias que ela e Mr. Oh tinham nos apresentado, a adoração aos seus líderes e seus grandiosos feitos, não eram mera conversa para enganar turista. Eles realmente acreditavam em tudo aquilo. Eles simplesmente desconheciam qualquer versão diferente da oficial. Tampouco conheciam outro contraponto ao que aprendiam. E não tinham mesmo o menor motivo para duvidar das versões contadas por líderes tão heroicos e honrados, não é? Não havia ninguém para debater, questionar ou contestar. Assim como seu povo, nossa guia vivia involuntariamente protegida da cruel e, ao mesmo tempo, atrativa realidade do mundo lá fora. Eternamente presa dentro desta redoma isolada. Como verificamos pela última vez, aquela era, e provavelmente seria para sempre, a realidade de Song Yam. Para o bem e para o mal.

Cena de filme. A cada sala em que entrávamos, era só pisar na porta para começar mais um número de altíssima complexidade técnica realizado por garotinhos e garotinhas que não batiam nem na minha cintura. Eram minishows agendados e executados com perfeição impressionante. Em uma dessas salas, eu e Pesca resolvemos quebrar um pouco o protocolo com o louvável objetivo de zoar o Leondre. Sabendo de sua habilidade com instrumentos de corda, colocamos pilha em nossa guia dizendo que nosso querido amigo tocava guitarra e queria fazer uma "demonstração" para a turma. Enquanto a gente ria, Song Yam explicava à professora, que na mesma hora entregou um violão na mão de Leondre com uma reverência. Ele não teve como escapar. Mas até que se saiu bem, com um número que na hora ninguém percebeu o quanto era apropriado. Assim como Michael J. Fox fez em *De volta para o futuro*, Leondre improvisou um trecho de "Johnny B Good" apresentando esse "novo" estilo musical a uma plateia totalmente incrédula. Terminado o número, em meio aos aplausos efusivos da turma composta por menininhas de 10 anos, Song Yam, estupefata, pergunta a Leondre o que era aquilo. Ele respondeu: "Rock and roll!" Se ele tivesse citado uma expressão em aramaico, teria feito mais sentido. Song Yam, toda aquela turma, a professora e grande parte da população do país nunca haviam ouvido falar no termo.

ADEUS, "GRANDE LÍDER"!

Para quem já viajou em excursão, a impressão que ficou foi a de fazer parte de um grupo da Stella Barros passeando pela Disneylândia da Ásia comunista. O Maravilhoso Mundo de Kim Jong-un. A Coreia do Norte é uma espécie de país-museu do socialismo. Aquele socialismo que aprendemos no colégio e que é cultivado e preservado dentro daquele pequeno país.

Deixar a Coreia do Norte dava uma sensação de liberdade. Não que tivéssemos sido maltratados ou nos sentido presos durante nossa estada, mas sair de nosso tradicional estilo de viajantes para ser turistas na mais pura e restrita definição do termo era um tanto quanto diferente para quem estava já acostumado a se perder pelos recantos mais sórdidos da Ásia. Ainda mais se considerarmos que a decisão de viajar dessa maneira não foi tomada por nós. Na verdade, pouquíssima coisa durante essa viagem coube à gente decidir. Os monumentos, as atrações, a limpeza, organização e beleza do local eram impressionantes. Mas essa boa impressão que tivemos do país perdia um pouco do valor pelo fato de só termos visto o que nos era permitido ver. Ler nas entrelinhas estas proibições e a forma como elas nos eram impostas pelos nossos simpáticos e atenciosos guias já diziam muito. Ponto em comum com qualquer outra viagem, é que esta foi muito especial pelas nossas conversas e, principalmente, pelas novas amizades que fizemos. Mesmo sabendo que, nesse caso, a gente não teria como manter contato com Mr. Oh ou Song Yam. Pelo menos, por enquanto.

Para fechar com chave de ouro e ter uma última amostra do ritual de surpresas inacreditáveis com que nos deparamos nesta república, deixamos a Coreia do Norte a bordo de um avião um tanto peculiar. Obviamente, conforme a determinação da Agência Nacional de Turismo. Um Tupolev russo da Air Koryo (empresa banida de operar na União Europeia até aquele ano), que mais parecia um ônibus escolar com asas, nos levaria de volta para casa (ou o mais próximo possível disso). Um termômetro de madeira registrava a temperatura (altíssima) dentro da "aeronave" e leques foram distribuídos pela simpática tripulação para amenizar o calor, como se fosse um procedimento padrão da ICAO (*International Civil Aviation Organization*) e comum a qualquer companhia aérea. Nada mais bizarro. Ou, pensando bem, nada mais apropriado.

MONUMENTO QUE REPRESENTA O DESEJO DO POVO NORTE-COREANO DE REUNIFICAÇÃO DAS DUAS COREIAS. NÃO TIVEMOS A OPORTUNIDADE DE PERGUNTÁ-LOS SE O MESMO PROCEDE.

O BELO LEONDRE SE ABANA COM UM LEQUE OFERECIDO PELAS COMISSÁRIAS DA AIR KORYO PARA AMENIZAR O CALOR DENTRO DA AERONAVE. AR-CONDICIONADO PARA QUÊ?

EQUIPE REUNIDA A CAMINHO DE MAIS UM MONUMENTO. OU PRÉDIO DO GOVERNO. OU OS DOIS, O QUE ERA MAIS COMUM.

IRÃ

← PAUSA PARA O DESCANSO EM PERSÉPOLIS.

REPÚBLICA ISLÂMICA DO IRÃ

Governo	República islâmica com Líder Supremo (Ali Khamenei) e Presidente (Mahmoud Ahmadinejad)
Capital	Teerã
Idioma	Persa
Moeda	Rial (IRR)
População	66.467.403
IDH	70° lugar
Internet	Wi-Fi, mas com alguns sites bloqueados

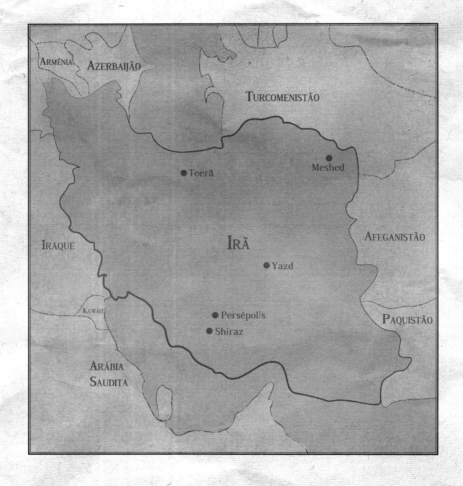

TRANSMITINDO AO VIVO DO ORIENTE MÉDIO

Ao ouvir o termo "Oriente Médio", os primeiros países que me vêm à mente são: Irã e Iraque. Ao pensar em guerra, também (o conflito entre os dois países durou oito anos, de 1980 a 1988). Problemas com os EUA? De novo: Iraque (supostas armas de destruição em massa e Saddam Hussein) e Irã (da ameaça nuclear e Ahmadinejad). Obviamente que, dentro da proposta do nosso projeto de viagens, tínhamos que conferir esses dois lugares de perto. Fosse para desmistificar ou comprovar. E sempre torcendo para que a roubada não fosse tão intensa. Escolhemos o Irã para encabeçar a pequena lista. Além da questão histórica da ditadura imposta pelos EUA, do sequestro da embaixada americana e da revolução islâmica, o país estava nas manchetes de todos os jornais por conta dos protestos motivados pela reeleição do presidente Ahmadinejad, quando milhares de pessoas foram às ruas protestar. Isso gerou uma série de confrontos, repressão extremamente violenta e até a emblemática morte de uma manifestante captada pelas câmeras de um cinegrafista amador e espalhada pelo mundo todo via YouTube (considerada a morte mais assistida pela humanidade, devido ao caráter viral que as fortes imagens ganharam na internet). Ainda havia um outro lado muito rico e que nos atraía possivelmente mais do que essa parte tensa (naturalmente), que era toda a história dos poetas iranianos, da antiga Persépolis, e até o fato de podermos conhecer uma cultura um tanto diferente da nossa e de grande parte do Oriente Médio. Afinal, pouco se diz que os iranianos são persas e não árabes, como a maioria de seus vizinhos.

Uma vez decidido o destino, este foi o capítulo que mais demorei para escrever de todo o livro. Ele não é o mais longo, o meu favorito, o mais rico em informações, ou nada do gênero. Acontece que ele foi escrito durante a viagem de aproximadamente dez dias por diversas cidades do Irã. Com o laptop avariado, foi difícil manter uma regularidade de textos durante o período. Entretanto, mesmo nos momentos mais improváveis, foi possível fazer um registro. Fosse na capital Teerã ou durante paradas em cidades remotas no meio do nada. Tive que contar com lan houses de parede de barro e telhado de palha e computadores já em idade avançada, achados em pousadas que pareciam oásis, onde o cabo da lentíssima internet cruzava o chão da "sala de computadores" coberto pelas areias do próprio deserto. Dá para imaginar o que foi digitar estas maltraçadas linhas diretamente de um teclado em persa! Para não perder a emoção, decidi manter o capítulo tal como o escrevi, no calor (sem trocadilho) dos momentos. Pingando suor no teclado.

DIÁRIO DO DESERTO

Em nossa primeira parada no Irã, fomos conhecer o lendário Grande Bazar de Teerã, o maior do mundo. Além de tapetes, essências, ervas, joias e figuras humanas de todos os tipos, escolhemos esse lugar porque ali perto encontra-se o mausoléu de um dos maiores (se não o maior) líderes da história do Irã, Aiatolá Khomeini, conhecida e polêmica figura da história da humanidade. Meio homem, meio "santo", foi o principal líder político e religioso iraniano e o grande responsável pela revolução islâmica no país, em 1979. Seu nome ganhou ainda mais destaque durante a Crise dos Reféns, alguns anos após a revolução, quando 52 americanos ficaram presos por 444 dias na embaixada dos Estados Unidos! Um episódio que marcou e que define até hoje a relação entre os dois países.

Foi ali no bazar que conhecemos um verdadeiro ícone e representante perfeito da hospitalidade iraniana que tanto nos impressionaria durante o resto de nossa viagem. Amir, o vendedor de tapetes persas. Não dava para ser mais típico, mas era verdade. Desinibido, falastrão e gente boa como todo bom comerciante, dá para dizer que com menos de cinco minutos de papo com Amir já éramos amigos de infância. Ele nos guiou por entre as dezenas de corredores, vielas e becos do agitado bazar, mostrando o que havia de melhor em produtos, suvenires e até bebidas alcoólicas contrabandeadas dentro de peixes. Após entrarmos pelos fundos de uma loja, passarmos por um portão de grade e subirmos uma escada caracol toda enferrujada, chegamos ao seu escritório. Sentamos em pilhas improvisadas de tapetes que cobriam cada metro quadrado do ambiente e bebemos *chai* oferecido por nosso anfitrião. Mesmo avisado de que não compraríamos nada, ele fez questão de nos dar uma valiosa aula sobre a técnica de produção dos clássicos tapetes persas, sua correlação com a cultura iraniana, os hábitos muçulmanos e, é claro, as mulheres persas (na opinião dele, as mais bonitas do mundo, por terem "boca de camelo"! Não entramos em detalhes). Ao fim do papo, Amir nos mostrou a lista de personalidades com quem já havia feito negócios. Entre elas estava o embaixador brasileiro em Teerã, o que nos deu uma grande ideia.

Agradecemos a Amir e nos despedimos. Saímos dali e fomos direto bater na porta do embaixador. De jeans e camiseta, mesmo. Só não vestíamos os tradicionais chinelos e bermuda porque as leis do Islã os proíbem no país. Seguimos para nosso destino levando conosco nada além de passaportes e uma dose imprescindível de cara de pau, a mais importante de todos. Afinal, a ideia era conseguir uma entrevista com algum funcionário da principal representação brasileira no Irã, ou seja, um parecer oficial do governo brasileiro sobre um dos mais polêmicos países do planeta. Tudo isso justamente sobre um período complicadíssimo de manifestações, pancadaria e acusações após o resultado das últimas eleições presidenciais. Coisa básica. Não ligamos antes, não levamos cartas de apresentação oficiais e não conhecíamos ninguém. Sequer sabíamos o endereço direito. Só brasileiro mesmo para achar que ia obter sucesso em uma missão como essa. E só brasileiro também para

AOS PÉS DA TORRE AZADI, NA ENTRADA DA CAPITAL TEERÃ. CONHECIDA COMO MEMORIAL DO REI (SHAHYAD), ELA TEVE SEU NOME MUDADO PARA TORRE DA LIBERDADE (AZADI) DEPOIS DA REVOLUÇÃO DO IRÃ, EM 1979.

EU E UFO NA ESCADARIA DE ENTRADA DO MUSEU NACIONAL DO IRÃ, MOMENTOS ANTES DE FAZERMOS AMIZADE COM AS MENINAS QUE SERIAM NOSSAS GUIAS POR TEERÃ.

nos atender! Pois foi o que fizeram o embaixador e seus secretários, com quem tivemos um bate-papo sensacional de mais de duas horas, com direito a cafezinho, pistaches e biscoitos típicos. Uma verdadeira aula de diplomacia internacional, ministrada ali, em plena Teerã. Um privilégio e uma honra que guardaremos para sempre. Entre tantos momentos da conversa, destaco o que o embaixador, ao ser informado de nossa intenção de tirar o visto e incluir o Afeganistão em nosso roteiro, disse: "Vocês querem a opinião do embaixador ou do pai de família? Em ambos os casos, não vão gostar da resposta." Entendemos o recado e ele nem precisou continuar. Talvez não fosse o momento mais adequado.

GATAS PERSAS

Como já tínhamos percebido, o povo iraniano é, sem dúvida, o mais hospitaleiro do mundo. Chegava a ser inacreditável algumas vezes (ainda mais para quatro desconfiados brasileiros), o que nos rendeu histórias e situações peculiares. Especialmente convidados para o almoço por um grupo de jovens iranianas, que ainda se ofereceram para pagar a conta e passagens de ônibus, uma vez que tínhamos nos esquecido de trocar dinheiro. Sim, em um país onde a mulher tem que se cobrir por inteiro (mesmo no calor que faz durante o verão), usar vagões separados nos transportes coletivos, sentar em lugares exclusivos nas mesquitas, nem sequer andar ao lado de um homem que não seja seu parente ou esposo, nós circulamos para cima e para baixo com três legítimas gatinhas persas. Esta espécie de *apartheid* sexual era o que nos causava maior estranhamento no Irã, e que nos fazia ainda ter um certo "pé atrás" antes de cair em elogios àquele país pacífico, hospitaleiro e belíssimo, que se revelou uma agradável surpresa.

Durante o convívio de alguns dias com nossas novas amigas, fomos aos poucos conseguindo entender a vida feminina no Irã. Percebemos como a busca, que é a de grande parte do país, por uma maior liberdade não tem necessariamente o objetivo de bater de frente com as tradições e costumes seculares de sua cultura e religião. Segundo elas, muito mais degradante e humilhante para a figura feminina eram detalhes de nossa própria cultura, que encara com naturalidade biquínis fio dental e danças na boquinha da garrafa. Elas queriam a liberdade de escolha, com certeza. Mas não necessariamente deixariam de usar o chale ou xador, que vestem com muito charme e estilo, se essa liberdade fosse alcançada. Acreditavam que este costume faz parte da valorização da mulher, e não o contrário. E que esse tratamento diferenciado dado à mulher não deveria ser encarado simplesmente como uma imposição indigna.

Elas nos mostravam que, entre tantos outros detalhes positivos e negativos dessas tradições, alguns aspectos muitas vezes passam despercebidos. Como o fato de existir essa diferenciação ao lidar com a figura feminina lhes ter garantido também uma espécie de segurança que não havia antes na sociedade iraniana. Algo que hoje lhes permite ser maioria nas universidades, competir em igualdade com homens por qualquer emprego (de motoristas de caminhão a professoras) e ocupar cargos em altos escalões do governo. Além disso, são ainda mais interessantes as implicações da relação homem versus mulher no Irã quando percebidas em alguns de seus pequenos detalhes. Permeia todo o trato com a mulher no Irã certo respeito, quase cerimonioso e inocente, que remete a outras décadas.

Durante o piquenique que elas organizaram para o dia de nossa despedida da capital, era engraçado perceber o riso nervoso e a sensação animada de transgressão simplesmente por estarem sentadas em um gramado comendo sanduíches com quatro jovens estrangeiros. Tudo na maior inocência. Quando perguntamos por que elas olhavam o relógio a todo momento, elas disseram que já passava das seis da tarde, ou seja, do toque de recolher imposto por suas mães. Até aí nada demais, se estas moças não estivessem já na casa dos vinte e tantos anos de idade. Outra interessante situação cotidiana que as meninas nos contaram era que, como não existem discotecas, boates ou até mesmo festas nas casas dos vizinhos, o clima de paquera fica restrito ao bom e velho "namoro de portão". E sempre com a mãe, ou uma tia mais zelosa (e solteirona), de vigia.

Um momento muito marcante de todo esse convívio com nossas amigas iranianas — Mahsa, Dina e Janan — rolou quando elas, após alguma relutância, concordaram em nos dar uma rápida entrevista. Já tínhamos explicado todo o propósito de nossa viagem e qual era o tipo de trabalho que a gente estava fazendo. Desde o início, elas se mostraram empolgadas em colaborar e fazer parte de nossa "equipe de produção". E nos ajudaram muito mesmo! Deram dicas de lugares a serem visitados, apontaram aspectos importantes de sua cultura que às vezes eram mal interpretados e, principalmente, nos deram uma visão jovem e engajada do atual e conturbado momento que seu país atravessava. Quando oferecemos a elas a possibilidade de falar sobre a vida e a realidade de seu país, mesmo bem tímidas, agarraram-se à rara oportunidade com entusiasmo. A conversa foi muito rica e interessante. Um autêntico bate-papo entre amigos, e as meninas pareciam apreciar cada vez mais a chance de fazer uso da nossa camerazinha e expor suas ideias para quem quisesse ouvir. Elas foram se soltando e aos poucos revelaram seus medos, desejos, planos e esperanças para o futuro. Tudo ali, em uma mesinha de restaurante no Teerã. No entanto, o discurso central delas tinha algo em comum que soava quase como um apelo. As denúncias e as críticas não eram o foco de suas falas. Elas pareciam mais felizes e excitadas por estarem participando dos movimentos jovens democráticos de protesto do que rancorosas e resignadas em viver em um estado teocrático regido pelos aiatolás. Na verdade, nossas amigas pediam enfaticamente que mostrássemos o seu país tal qual era de verdade. Com suas mazelas, sim, mas também com suas belezas tão raramente expostas na mídia ocidental. Não como uma forma de denúncia ou súplica, porém de correção que elas consideravam uma grande injustiça e uma falsa representação do seu país.

Finalmente, ao nos despedirmos, Janan, a mais jovem do grupo, pediu para recitar um poema como sua última mensagem para os brasileiros. Isso, por si só, já servia como um interessante paralelo com outra menina do Brasil, e da mesma faixa de idade dela, que provavelmente está mais preocupada com bolsas de grife ou baladas da moda.

O poema que ela recitou para nós é de autoria do lendário poeta persa Saadi e está gravado no saguão de entrada do prédio das Nações Unidas, em Nova York.

بنی آدم اعضای یک پیکرند
که در آفرینش ز یک گوهرند
چو عضوی به درد آورد روزگار
دگر عضوها را نماند قرار
تو کز محنت دیگران بی غمی
نشاید که نامت نهند آدمی

Human beings are members of a whole,
In creation of one essence and soul.
If one member is afflicted with pain,
Other members uneasy will remain.
If you have no sympathy for human pain,
The name of human you cannot retain.

Os seres humanos são parte de um todo,
Na criação de uma única essência e alma.
Se um membro sofre dor,
Outros membros permanecerão inquietos.
Se você não tiver respeito pela dor humana,
Você não pode ser considerado humano.

EM PRIMEIRO PLANO, NOSSO GUIA DO IRÃ. AO FUNDO, A NOSSA GUIA IRANIANA.

NOSSA AMIGA FAZ POSE PARA FOTO DE BRUNO PESCA. AO FUNDO, ALGUNS LOCAIS OBSERVAM COM OLHARES REPROVADORES.

SHIRAZ ←

Nossa próxima parada era exatamente na cidade de Shiraz, paraíso das artes e da cultura no Irã. Um *pit-stop* rápido antes de seguirmos para a histórica Persépolis, um dos lugares que mais queríamos conhecer quando ainda estávamos esboçando as primeiras linhas do projeto que viria se transformar no *Não conta lá em casa*. Em nosso único dia por aqui, deu para conhecer os túmulos dos dois principais poetas da cidade: Saadi, aquele do poema recitado pela nossa amiga de Teerã, e Hafez. Na verdade, essas eram as duas grandes (e únicas) atrações da cidade. O que não a tornava pouco interessante, pelo contrário. Apesar de pequena se comparada a Teerã, Shiraz mostrava uma surpresa diferente a cada esquina. Palácios, castelos ou enormes jardins onde a gente podia entrar, passear e, melhor de tudo, beber água e se refrescar em um dos vários bebedouros providencialmente espalhados por todo o espaço público da cidade.

Conforme avançávamos deserto adentro, dava para sentir cada vez mais o clima iraniano, que é exatamente como muitos o imaginam: quente! Pelo menos nessa época do ano. Porém ficamos sabendo que no inverno chega a nevar. Aposto que poucos sabiam dessa! Pois até estação de esqui há no país. Mas o que sentimos mesmo foi calor. Muito calor! Um bafo quente e seco que deixava uma neblina de poeira cinza suspensa no ar enchendo nosso nariz de... deixa para lá. Tudo isso era cercado por uma vegetação caracterizada pela... Bem, pela ausência de vegetação. É aquela paleta de cores riquíssima, que vai do bege ao cinza e do cinza ao bege continuamente por centenas e centenas de quilômetros. Uma paisagem montanhosa muito bonita. E, até pela completa diferença com a típica natureza brasileira, se torna ainda mais interessante e, por que não?, visualmente rica aos nossos olhos.

ALGUMAS CENAS TÍPICAS DO DESERTO IRANIANO.

XXXXXXX XXXXX

Também descobrimos a magia das caronas grátis por aqui! Basta você chegar à calçada e fazer sinal para um táxi que antes dele parar aparece um carro qualquer lhe oferecendo baldeação até o seu destino. Já pegamos carona em um carro caindo aos pedaços com um senhor que se recusou a receber qualquer quantia pela ajuda e com um outro amigo que viajava com o filho, a quem presenteamos com uma camisa da seleção brasileira (o menino ficou louco!). Com isso o orçamento deu uma melhorada e permitiu uma internetzinha. O problema é que ela era movida a carvão, cheia de bloqueios impostos pelo governo e, na correria em que estávamos, pouco deu para aproveitar. Seguiríamos de manhã cedo para Persépolis, e de lá para Yazd, cidade cujo lema é "Se perca no deserto!" (não, obrigado).

Depois de uma hora fazendo sauna de camisa social e calça jeans dentro de uma van abarrotada com mais quatro machos, chegamos à antiga capital do Império Persa, Persépolis. Imagens dos mais poderosos guerreiros do Oriente Médio se digladiando com as tropas de Alexandre, o Grande, muitos anos antes do nascimento de Cristo, sempre tornaram nossas aulas de história especialmente interessantes. Difícil imaginar que estas belas ruínas abandonadas no meio do deserto já formaram a cidade que dominou toda essa imensa região na Antiguidade. Os relatos divergem quanto ao fim de Persépolis. A versão que consta dos livros escolares e enciclopédias diz que o próprio Alexandre III, após invadir o apreciado local, decidiu queimá-lo por inteiro em vingança ao que foi feito na acrópole original grega, de Atenas, destruída em um incêndio ordenado por Xerxes durante a segunda guerra entre as duas nações. Outra versão, que corre à boca pequena entre o povo iraniano, diz que o grande incêndio que destruiu Persépolis foi provocado por acidente, quando Alexandre e seus generais promoviam uma grande bebedeira em um dos palácios do local. O fato é que este lugar de grandiosas colunas, tumbas e artefatos é considerado hoje um dos principais sítios arqueológicos do mundo, tendo sido declarado pela Unesco, em 1979, Patrimônio da Humanidade.

Hoje, o lugar é uma das maiores referências turísticas de todo o Oriente Médio. Andar por ali é ter uma experiência única de como é fazer turismo na região. O que se torna ainda mais especial para um ocidental. O estacionamento abarrotado, as filas para entrar, a lojinha de suvenires são algumas das semelhanças do lugar com qualquer grande atração turística do planeta. A diferença está nos detalhes. Em vez de fotos com constrangidos sujeitos travestidos de personagens de desenho animado, você pode posar montado em um camelo vivinho e enfeitado para a ocasião. Em vez de camisetas temáticas, você pode comprar uma autêntica burca. E o cachorro-quente, a pipoca e os sorvetes são naturalmente substituídos por litros e litros de água fresca. Apesar do calor inclemente, ficamos horas passeando maravilhados com todos os resquícios de salões, palácios e tumbas de grandes reis. É totalmente diferente a sensação de caminhar por entre os restos deste magnífico império no exato local onde alguns dos episódios mais marcantes da história se desen-rolaram. Um lugar que respira e encarna episódios grandiosos e dra-máticos de diversos povos e nações. Atravessar corredores por onde passaram nobres de outras eras e passear por palácios onde lutaram e sangraram grandes guerreiros é algo que conseguiria despertar o interesse até do mais relapso estudante fundamental. É inevitável nessa hora relativizar o valor de estar vendo estas peças únicas no local que lhes é de direito.

PAUSA PARA O REFRESCO EM PERSÉPOLIS. PENA DA MULHERADA NESSE DIA...

SE ESCONDENDO DO SOL NA SOMBRA DAS COLUNAS MILENARES DE PERSÉPOLIS, A "CIDADE PERSA".

O Metropolitan Museum de Nova York ou o British Museum, em Londres, são dois museus que abrigam coleções originais de Persépolis. Peças saqueadas de sua terra natal para serem observadas em grandes salas na Europa, no conforto do ar condicionado. A alegação feita por esses museus — e muitos outros que abrigam itens dos mais diversos lugares do mundo — para não terem ainda restaurado essas obras a seus países de origem é que seu objetivo é ampliar o acesso de história e cultura a um número muito maior de pessoas, o que séculos atrás era a demonstração de superioridade de uma nação sobre a outra e ainda continua sendo. Só que, atualmente, acaba se tornando uma questionável exibição de superioridade econômica. Napoleão Bonaparte e Adolf Hitler, além de expansionistas sanguinários, eram notórios amantes das artes que tomaram para os museus da França e da Alemanha artefatos de valores artístico e histórico inestimáveis. A verdade é que o mercado das artes hoje movimenta enormes somas de dinheiro nas mãos de colecionadores, agentes, leiloeiros e empresas especializadas. A tradição de um país comprada por governos de particulares que pilharam artefatos e partes de arquitetura de diversas culturas ancestrais. Egito, Grécia, Peru e o próprio Irã são alguns dos países que reivindicam e negociam a devolução de seus patrimônios históricos há anos. Felizmente, pouco a pouco eles vêm tendo algum sucesso na difícil jornada de repatriar sua própria história.

YAZD

Nossa última parada no Irã foi a cidade de Yazd. A primeira impressão que tive do lugar é que era uma mistura de Tatooine (os fãs de *Guerra nas estrelas* estão familiarizados com o desértico planeta natal de Luke Skywalker) com um dos mapas do *Counter Strike*, aquele jogo online no qual polícia e terroristas se enfrentam em cenários desérticos que designers de games norte-americanos imaginam como abrigos de malfeitores árabes. Vista do terraço do nosso hotel, parecia uma maquete de barro ainda por ser pintada. E, de fato, argila era a base de 90% das construções da cidade. Yazd é o que se denomina cidade-oásis, um pequeno lugar com vida isolado no meio do deserto. E esse oásis, em particular, ficava incrustado no meio da região mais seca de todo o Irã. Foi por esse motivo que a cidade (cujas primeiras menções datam de três mil anos antes de Cristo) nunca foi importunada por invasores ou conquistadores que passaram pelas redondezas (exceto por Gêngis Khan. Mas aí também, não é?[3]). Yazd conseguiu, portanto, manter muitas de suas tradições mais antigas e desenvolver uma arquitetura toda especial, característica e, por vezes, irritante. São diversos corredores, passagens estreitas e becos que formam um verdadeiro labirinto de barro. Era sair do hotel, dobrar duas esquinas, e parecia que você havia entrado em um jogo de espelhos com o objetivo de o levar às raias da loucura. Mas existia uma lógica por trás desta formação arquitetônica de dar nos nervos.

O lugar é realmente muito quente, de modo que seus corredores têm como objetivo canalizar e propagar os ventos que entram refrescando um pouco mais a cidade. Diversas outras invenções altamente criativas e evoluídas para o seu tempo foram criadas com esse mesmo propósito e continuam sendo utilizadas séculos depois de sua concepção. Para sobreviver ao verão inclemente, foram desenvolvidos dispositivos chamados "captadores de vento", grandes colunas com entradas verticais em uma de suas faces que canalizam o vento para uma grande estrutura subterrânea. Foram antigos engenheiros persas que inventaram a mãe de todas as geladeiras, famosa por aqui como *yakhchal* ("poço de gelo"), uma das invenções mais interessantes que já vi e que havia aos montes espalhadas por Yazd. Eram estranhas e imensas cúpulas com espirais esculpidas nas faces internas que pareciam mais túmulos de faraós ou qualquer coisa do tipo, até que nos explicaram seu funcionamento

---

[3] Gêngis Khan foi um conquistador mongol, considerado um dos maiores comandantes militares da história da humanidade. Ele invadiu a China e expandiu seu império para além do oeste e sul, chegando a dominar partes da Pérsia, Rússia e Ucrânia.

FAZENDO GRAÇA E PASSANDO CALOR, EM PERSÉPOLIS.

UFO E PESCA EM PERSÉPOLIS, EM PLENO DESERTO IRANIANO.

EU FOTOGRAFANDO E O LEO ME FILMANDO, EM UM BAZAR NO IRÃ.

genial. Grandes placas de gelo eram coletadas durante o inverno nas montanhas das redondezas e depositadas bem no topo interno destas cúpulas construídas com material que isola o calor. Conforme as placas geladas iam derretendo, sua água fria descia lentamente pela espiral até a base subterrânea do *yakhchal*. Dessa forma, o interior da estrutura ficava permanentemente frio e eles conseguiam armazenar e conservar alimentos mesmo durante o impiedoso verão no deserto. Engenhoso, para dizer o mínimo.

Entretanto, o mais curioso de toda essa nossa passagem por Yazd foi o passeio de camelos. Talvez influenciado por imagens de Lawrence da Arábia desbravando desertos montado nesses esplêndidos animais, ou de beduínos mal-encarados singrando pelo Saara em camelos do tamanho de uma minivan, nosso intrépido Felipe UFO havia colocado na cabeça a ideia de que tinha porque tinha que cavalgar (ou camelear?) em um desses poderosos quadrúpedes. E o mais isolado deserto iraniano não podia ser cenário mais perfeito. UFO se informou no hotel, descobriu onde podia encontrar um criador de camelos e rumamos ainda inseguros para os confins do local. Chegando lá, fomos recebidos pelo dono dos animais. "Bem-vindos ao inferno!", ele disse em um inglês carregado que tornava a frase ainda mais apropriadamente intimidadora. Ao fundo dava para ouvir os gritos altos de suas crias. Pareciam bestas sanguinárias ávidas por derrubar e atropelar turistas inexperientes em busca de uma singela foto para a posteridade. Neste momento, vieram imagens de nós quatro sendo arrastados a toda a velocidade pelo Irã por camelos desembestados e sendo encontrados semanas depois, quando nossos amiguinhos desembocassem em algum oásis para beber água, carregando apenas nossos esqueletos ressecados em suas corcovas. Mas quem está na chuva é para se molhar. Ou melhor: quem está no deserto é para se queimar.

Concluí que, na melhor das hipóteses, conseguiria me equilibrar nas costas do bicho por alguns rápidos segundos que ao menos renderiam boas imagens para o programa. UFO, ainda empolgado em seus devaneios de T.E. Lawrence, perguntava que velocidade máxima um camelo podia atingir. Talvez vislumbrando a quebra de algum recorde que ele tinha pesquisado no Google na noite anterior. "Vou buscar os animais. Esperem aqui", disse o criador com um sorriso maroto no rosto que me deixou ainda mais ansioso. O suor escorria por nossa face muito mais pela tensão do momento do que pelo calor que fazia. UFO mantinha um sorriso diabólico na face, Pesca permanecia quieto e focado como um competidor prestes a enfrentar o grande desafio de sua carreira, Leondre mesclava oração e palavrões amaldiçoando a todos por o termos colocado nessa situação de morte iminente. Até que nossos algozes de quatro patas começaram a surgir perfilados de dentro de seu estábulo de pau a pique. Como em uma passarela de moda, eles iam dando o ar da graça um a um. Cada qual mais pangaré que o outro! Eram versões decrépitas do que a gente tinha imaginado. Os bichinhos eram verdadeiros anciãos de duas corcovas! Devidamente ornamentados para a ocasião, eles pareciam árvores de Natal decoradas por uma versão persa da Lady Gaga sob efeito de ácido. Vinham se arrastando lenta e preguiçosamente, como quem bate ponto em uma repartição pública contando os dias para a aposentadoria. Pareciam quatro senhores de terceira idade que tiveram seu soninho da tarde interrompido. UFO, decepcionado como uma criança que teve seu pirulito roubado, fazia menção de desistir. "Agora, não!" Já que estávamos ali, íamos andar de camelo. Nem que fosse para contar a história em casa depois (tornando-a muito mais destemida e glamourosa, claro). Depois de duas voltas a 5 km/h por um cercadinho no deserto, abandonei o navio. Ou melhor, o camelo. Pulei lá de cima dando um descanso para minha lombar e mais ainda para a do pobre animal cansado de guerra. A triste criatura parecia respirar mais aliviada do que eu, por poder seguir o resto do trajeto no automático e sem a carga extra. Leo me acompanhou na mesma hora. E logo fomos seguidos por Pesca. O único a manter a pose durante todo

EQUIPE REUNIDA SOB O SOL DE SHIRAZ, EM FRENTE À CIDADELA DE KARIM KHAN.

PÁTIO INTERNO DE NOSSA POUSADA EM SHIRAZ, UM OÁSIS NO DESERTO. LITERALMENTE!

DETALHES DA MESQUITA AZUL DE YAZD (JAMEH). A CIDADE ERA PEQUENA MAS ABRIGAVA ESSA QUE É UMA DAS MAIS BONITAS MESQUITAS DO IRÃ E QUE APARECE ATÉ NO VERSO DA NOTA DE 200 RIALS.

O DRAMA DA CIDADELA HISTÓRICA DE ARG-É BAM, QUE FOI DESTRUÍDA EM UM TERREMOTO EM 2003, FEZ PARTE DE NOSSA MISSÃO NO IRÃ. ESSE DESASTRE NATURAL ACONTECEU NO DIA 26/12/2003, EXATAMENTE UM ANO ANTES DO TSUNAMI ASIÁTICO, OUTRA HISTÓRIA QUE CONTAMOS NO PROGRAMA E QUE RELATO NESSE LIVRO.

o trajeto foi ele: Felipe UFO, o nosso beduíno brasileiro. Ele mantinha a postura séria de conquistador fenício enquanto seu camelo fétido seguia para a terceira volta no parquinho, sendo puxado por um guri iraniano de uns dez anos de idade. Eu, Pesca e Leo sentamos no carro que aguardava para nos levar de volta e rivalizamos com nossos colegas do reino animal na quantidade de água que entornamos (o camelo pode chegar a beber 200 litros de água em um dia). O calor ia diminuindo à medida que a tarde caía. O sol ia se pondo e a silhueta de UFO e seu camelo contrastava com o laranja que parecia cobrir todo o horizonte do deserto naquele momento. Ao se aproximar de nós pela terceira vez, UFO não se conteve. Sorriso tímido no canto da boca, se virou para nós compungido, e, quando achamos que ia se desculpar pela furada em que tinha nos metido, ouvimos o apelo: "Só mais uma voltinha?"

IRAQUE

← EU E UFO EM FRENTE AO HOTEL PALESTINE, BAGDÁ. O HOTEL FICOU FAMOSO POR ABRIGAR JORNALISTAS DURANTE A INVASÃO DO IRAQUE E TAMBÉM POR UM ATAQUE POR ENGANO EM QUE UM TANQUE AMERICANO ATIROU CONTRA O PRÉDIO MATANDO DOIS JORNALISTAS.

REPÚBLICA DO IRAQUE

Governo	República parlamentarista
Capital	Bagdá
Idioma	Árabe e curdo
Moeda	Dinar (IQD)
População	27.783.383
IDH	126° lugar
Internet	A cabo nos principais hotéis

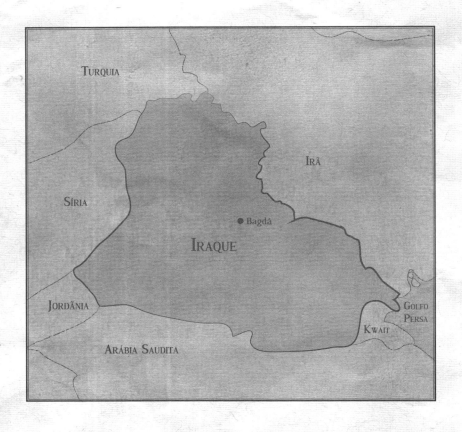

Estar no Iraque é como participar daquelas partidas de porradobol na escola. Quando você é moleque (e realmente só se aplica às crianças do sexo masculino), uma das mais adrenalizantes aventuras em sua vida é invadir o jogo de porradobol dos caras mais velhos. Sim, porradobol. Aquela derivação do popular esporte bretão que possui uma única regra: aniquilar o adversário com uma bolada certeira e mais violenta possível. Você fica lá correndo de um lado para outro como uma galinha sem cabeça, rindo nervoso pela endorfina liberada ante a iminência da catástrofe. Megatons explodem ao seu redor, forçando-o a mudar de direção em uma corrida frenética a lugar nenhum. O seu cérebro se encontra totalmente vazio, como em um mantra de sobrevivência. Seu único filete de consciência lhe ordena a correr, desviar, fugir. Bum! Outra bomba explode, desta vez no peito de um coleguinha que jaz chorando no chão. A brincadeira para ele acabou. Nessa hora, sua determinação triplica. É uma questão de honra permanecer naquele ringue, entender a lógica por trás daquele jogo irracional e permanecer "vivo" até o incerto fim da partida. Em um misto de ignorância infantil e estúpida demonstração de coragem, você se diverte adiando o quanto pode o massacre do qual provavelmente se tornará vítima. Inconscientemente, esses pequenos seres inocentes estão vivenciando algo que lhes moldará o caráter para sempre. Um ciclo natural que põe em cheque a evolução da espécie e celebra a hereditariedade da estupidez humana. Muito anterior ao bullying. Um crucial rito de passagem infantojuvenil, pois logo começará a fase de se interessar por garotas. E, aí, grande parte da tranquilidade, diversão e inocência de sua vida estará perdida para sempre.

Era mais ou menos isso que a gente sentia durante nossos poucos e intensos dias na capital e centro nervoso (bota nervoso nisso) do Iraque. Bagdá, naquele momento, representava o epicentro de tudo que havia de mais caótico, perigoso, instável, errado e lamentável no mundo. Obviamente, não se pode deixar de lado o fato de que esse local é considerado o berço da civilização tal qual a conhecemos e cenário de algumas das mais importantes passagens da Bíblia. Reza a lenda que foi na Mesopotâmia, onde hoje está o Iraque, que a Torre de Babel foi erguida. Aquela história do homem querendo criar uma estrutura alta o bastante para se sentir mais próximo de Deus, a consequente indignação do Todo-Poderoso com a audácia e o castigo que ele enviou logo em seguida, fazendo com que todos passassem a falar idiomas diferentes e nunca mais se entendessem. Irônico, não é? Mas há mais, a tradição islâmica acredita que a Arca de Noé também foi construída por ali. A lenda da Arca diz que Deus, decepcionado com a perversidade e a violência humanas, decidiu inundar o planeta. Pouparia apenas Noé, único homem considerado correto por Ele, e mais um macho e uma fêmea para perpetuar cada espécie animal. Por falar em ironia bíblica, o próprio Jardim do Éden, paraíso e berço da humanidade, e também da rebelião, do egoísmo e do pecado, estaria localizado na região dos rios Tigre e Eufrates, próximo também do Iraque.

Fato é que nossa experiência em Bagdá pode se resumir a um misto de medo, encanto e constante excitação. Poderíamos compará-la com uma partida de porradobol com os deuses. E em solo sagrado! Quatro desavisados brasileiros colocando o destino à sorte e andando assustados em meio a explosões fatais por todos os lados. Estivemos imersos por alguns dias em um cenário de guerra. Sem nenhum exagero. Turismo por lá ainda era um conceito totalmente descabido dentro da realidade que encontramos. Fomos vistos com extrema desconfiança, até incredulidade. Ainda no salão de embarque, percebíamos que nossos companheiros de voo eram compostos em sua totalidade pelo que poderíamos classificar como dublês do Rambo. Ex-mariners ou fuzileiros totalmente focados em sua missão. Durante o voo, os trogloditas de cabelo raspado, mochilas militares e olhar sisudo espalhados pelas poltronas da classe econômica contrastavam com quatro jovens desavisados no estilo *mezzo* neo-hippie-despojado *mezzo* nerd-aventureiro-ouvindo-iPod, autênticos peixes fora d'água. Entre uma nervosa ida ao

xxxxxxx xxxx

EM FRENTE AO NOSSO HOTEL EM BAGDÁ, A PLACA FURADA DE BALAS APONTA O CAMINHO QUE QUERÍAMOS SEGUIR A TODO MOMENTO (SAÍDA!).

NOSSA PRIMEIRA VISÃO DO PALÁCIO, ANTES MESMO DE SABER QUE VIVERÍAMOS ALGUNS INTENSOS MOMENTOS ALI DENTRO.

banheiro e outra, Pesca finalmente conseguiu estabelecer contato com um de nossos "colegas". Ao indagar qual seria a melhor forma de sair do aeroporto em Bagdá, recebeu de volta a pergunta: "O seu 'comboio' está de helicóptero ou veículo blindado?"

Até aquele momento, nossa intenção era fazer sinal para o táxi mais próximo.

O voo transcorreu sem maiores problemas. A própria existência de um voo direto da Europa (Turquia) para Bagdá era um dos sinais que enganosamente nos tranquilizava a respeito da nossa próxima missão. Na verdade, era o único sinal além da propaganda americana. Não tínhamos ainda entrado oficialmente em território iraquiano quando na imigração tivemos outro choque de realidade. Havia duas filas: uma para quem possuísse visto de entrada militar e outro para turistas comuns. Adivinhem quantos indivíduos formavam a fila de turistas? Acertou quem disse quatro.

Tudo levava a crer que a experiência dessa vez seria para lá de intensa. "Mas ainda não vimos o clima lá fora", dizíamos uns aos outros em uma tentativa ineficaz de controlar o nervosismo. Se o clima estiver tenso como parecia, nem sairíamos da Zona de Segurança. Esse era o único pensamento, em um raro momento estávamos todos de acordo. Até então, nossa ideia era nos hospedar dentro da Zona Internacional de Segurança, território estabelecido pelas forças de coalizão. Altamente militarizado e, por isso, um dos poucos lugares realmente seguros no país. Tínhamos feito uma extensa pesquisa, e diversos sites e revistas especializadas traziam reportagens de grupos (geralmente de turistas norte-americanos) circulando pela área guiados por soldados, tirando fotos e agindo como em uma viagem relativamente normal. Foi só ao desembarcar em solo iraquiano que ficamos sabendo que a entrada na Zona de Segurança era exclusiva a altos funcionários do governo americano, militares das forças de coalizão e profissionais autorizados. Nosso taxista (sim, com muito custo conseguimos um táxi na saída do aeroporto) foi quem nos alertou em um inglês limitado, porém muito convincente: *"Sem Zona de Segurança, voltem para casa!"*. Ou seja: aqueles grupos de turistas, que tanto nos fizeram crer que um outro Iraque era possível e já estava em vias de acontecer, seriam para inglês ver. Mera propaganda para corroborar o discurso oficial de que "o Iraque voltava a ser um país de verdade!", "as forças de coalizão estavam passando o comando do país aos próprios iraquianos!" e "o Iraque podia agora voltar ao normal!". Esses "turistas" eram de faz de conta e com certeza contaram com toda a logística, apoio e segurança do exército de seu país. Por nossa vez, estávamos largados no Iraque sem pai, nem mãe.

Mas a gente tinha um Plano B, que estava mais para Plano Z, dada a sua distância de realidade para o Plano A. O B consistia em buscarmos guarida onde outros aventureiros a trabalho naquele lugar esquecido por Deus haviam se hospedado enquanto faziam a cobertura jornalística das Guerras do Golfo. Descobrimos que o hotel Sheraton Ishtar era o favorito de dez entre dez correspondentes de guerra internacionais. O problema é que, na mesma hora em que descobrimos isso, ficamos sabendo também que o prédio é a mais alta construção em Bagdá e, por chamar tamanha atenção com sua imponência, acaba sendo o alvo favorito para a prática de tiro ao alvo de foguetes, morteiros e outras variações de artilharia pesada dos insurgentes. Excelente. Entre diversos incidentes e atentados, um dos mais marcantes ocorreu em outubro de 2005 e levou o hotel a ficar fechado para reformas por mais de um ano.

Ah, mas pelo menos é um Sheraton, certo? Errado! Apesar do nome, o hotel não tem qualquer vínculo com a grande rede hoteleira há mais de vinte anos. Com a primeira Guerra do Golfo, a maior cadeia de hotéis do mundo decidiu cortar os laços comerciais com o governo iraquiano, porém Saddam gostava do nome e decidiu continuar a usá-lo mesmo sem permissão. Apesar de reaberto há pouco mais de um ano, o visual digno de ruínas das instalações mostrava que com certeza

BLDG

LÁ NO ALTO, O PALÁCIO DE SADDAM HUSSEIN.

DETALHES NA DECORAÇÃO DA ENTRADA DO PALÁCIO ENALTECENDO SEU FALECIDO INQUILINO.

não encontraríamos vidrinhos de xampu no banheiro ou chocolatinhos no travesseiro. Só um dos elevadores funcionava e, mesmo assim, quebrava a toda hora. Preferíamos usar as escadas de emergência e descer dez andares desviando de reboco e pedaços de paredes desabadas. Os extensos corredores e salões eram todos cobertos de poeira, havia buracos nas paredes, pedaços do teto parcialmente comprometidos e detritos por toda parte. Era como se uma bomba tivesse acabado de explodir por ali. E talvez tivesse. Os atentados nos arredores (sempre ocorridos fora da Zona de Segurança, claro) eram rotineiros. Mesmo a enorme quantidade de postos de controle, blitze, soldados de todos os ranques e procedência espalhados pelo local eram capazes de evitá-los. As constantes paradas para revista que aconteciam por toda parte de Bagdá, longe de nos fazer sentir seguros, aumentavam a adrenalina e o medo de algo pior. É que esses pontos criados para conferir documentação, abrir mochila, revistar o carro etc. eram os alvos favoritos de atentados de diferentes grupos religiosos, milícias e/ou facções paramilitares.

Visto esse cenário, decidimos que havia sido um erro de planejamento ir conferir a realidade do Iraque naquele momento. Nos deixamos levar por uma divulgação unilateral da mídia e acabamos caindo de paraquedas em um país que ainda vive um dos piores capítulos de sua já complicada história. Mas tínhamos que continuar nossa peregrinação em busca de comida e de impressões, pessoas, situações, algo que fosse nos dar ao menos indícios do real estado das coisas ali. Tudo o que encontrávamos eram ruas vazias, poucos carros apressados e muitos veículos, equipamentos e grupamentos militares. Além, é claro, dos intermináveis postos de controle. Para nossa sorte, um dos locais mais representativos da cidade ficava a alguns metros do nosso hotel e dava para ir a pé. A praça Firdous, de diversas maneiras, era um lugar muito representativo do Iraque de ontem e de hoje. Firdous em português significa "paraíso". Mas o que sobrou daquela pequena pracinha estava longe disso. Era ali que ficava a estátua gigante de Saddam Hussein (mais precisamente de

12 metros), que foi derrubada em 2003 pelas forças americanas diante de uma meia dúzia de iraquianos com transmissão ao vivo para milhões de lares em todo o mundo. Muitos dizem que foi um dos atos mais encenados da história das guerras desde a foto do hasteamento da bandeira norte-americana em Iwo Jima.[4] Restaram apenas os destroços da base da estátua, ainda com a estrutura de ferro toda torta e enferrujada aparecendo por dentro do reboco de cimento. Lixo e poeira completam o visual. Nenhuma alma viva para aproveitar o dia ali.

Infelizmente, o Iraque naquele momento parecia algo ainda completamente inviável como país. Fazendo uma análise política bem grosseira e simplista: os EUA não estavam mais se importando e tinham declarado: "Estamos de saída, se virem!" Isso depois de terem arrasado um dos maiores centros da humanidade. E nós ali, perdidos no meio disso tudo. Quatro viajantes desavisados, crentes de que iriam conhecer sítios históricos de uma cultura milenar. O que dizer da culinária local? Nada. Estávamos em pleno mês do Ramadã, o nono mês do calendário islâmico, quando os muçulmanos praticam o seu jejum ritual e se alimentam apenas após o anoitecer. "Ah, mas pelo menos vocês podiam se alimentar à noite!" Errado! Quando ficava escuro todos os lugares fechavam as portas. Por quê? Bem, porque o país ainda estava praticamente em guerra! Ou seja: tenso ao quadrado. O único alimento local que consumimos

---

[4] Rumores indicam que a lendária foto de Joe Rosenthal, que mostra um grupo de fuzileiros hasteando a bandeira dos Estados Unidos após a vitória na batalha de Iwo Jima, teria sido armada. Dizem que o hasteamento oficial ocorreu horas antes, ainda debaixo de artilharia pesada, e Rosenthal registrou apenas uma encenação.

nesses dias de tensão na Mesopotâmia foi cerveja. Pois é, bebemos álcool, em plena luz do dia e durante o Ramadã! Bem no Oriente Médio e logo no Iraque, onde o comércio e consumo da bebida só foram liberados após a ocupação americana, em 2005. Mas nossa contravenção etílica foi motivada exclusivamente por respeito aos locais, sério.

Explicando: nosso único contato no Iraque não ia poder nos dar muita atenção. Percebemos isso logo de cara, quando ele informou que não poderia estar no aeroporto para nos buscar conforme o combinado. A princípio, não nos preocupamos muito com o desfalque. Até porque o cara estava longe de ser um especialista em segurança ou herói de guerra altamente condecorado. Nosso "amigo" era apenas um artista local, meio acima do peso e avançado em idade, que nos foi indicado pelos funcionários do albergue em que nos hospedamos no Irã. Ainda em Teerã, quando confidenciamos no lobby os nossos planos de seguir para o Iraque em alguns dias, uma imensa comoção se formou até que conseguiram que o parente de alguém se prontificasse a nos receber em Bagdá. O que acabou não ocorrendo na prática para nossa aflição. Mas o cidadão se sentiu tão mal e preocupado por nos deixar totalmente à deriva em sua conturbada cidade que enviou o seu destemido sobrinho, encarregado de nosso transporte e segurança.

O jovem Youssef era uma versão mais jovem e ainda mais robusta de seu tio. Se a veia artística corria mesmo na família, o gordinho não seguia as artes plásticas como seu tio pintor, mas era um verdadeiro profissional da *stand-up comedy*. Mesmo sem entender uma palavra do que ele dizia, a gente não parava de rir um minuto com seu gestual exagerado, as expressões dramáticas e os dois beijinhos com que fazia questão de cumprimentar UFO a cada vez que nos encontrava. Era essa adiposa figurinha que garantia o nosso suprimento diário de cerveja. Acho que ele considerava aquilo meio que necessário para conseguirmos encarar com o mínimo de tranquilidade o cotidiano errático de seu país, mas ele jurava que era por "não admitir que quatro visitantes de fora passassem

A "VARANDA" DE SADDAM.

VERSÃO IRAQUIANA DO SALÃO OVAL. DEVIDAMENTE SAQUEADO.

necessidade por conta de algo arbitrário e alheio a nossa cultura". E tome de latas e latas de cerveja importada vagabunda a qualquer hora do dia. Mesmo quando a gente deixava claro enfaticamente que não havia a mínima necessidade, ele fazia o *pit-stop* obrigatório e se embrenhava pelos becos mais escuros e esquisitos para satisfazer a nossa (e acho que principalmente a sua) sede de álcool. E lá vinha ele com um saco de plástico preto estufado de latinhas e um sorriso maroto no rosto. Toda vez que nos aventurávamos a sair por Bagdá, o contato com exército, soldados, armas e milícias era parte da estressante rotina. Por isso, ele pedia apenas que bebêssemos abaixado no carro. A que obedecíamos, claro. Consumindo o produto com sofreguidão e desespero, escondidos no banco de trás de um carro sujo enquanto cruzávamos vizinhanças nada amistosas. Um toxicômano não pareceria tão deprimente comparado a nós naquele momento. Éramos verdadeiros criminosos agindo contra a lei dos homens e, pior ainda, contra as leis de Deus! Em solo sagrado! Até uma simples cervejinha era um perrengue em Bagdá.

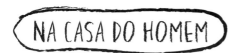

NA CASA DO HOMEM

Nesses momentos mais difíceis da vida é que geralmente acontecem os episódios mais surpreendentes. Grandes riscos, geralmente, trazem grandes recompensas. Foi assim que, após um emaranhado de acontecimentos fortuitos, planejamentos furados, cara de pau e sorte deslavada, conseguimos nada mais, nada menos, do que entrar em um dos legítimos e majestosos palácios de Saddam Hussein! Justamente aquele que fica em um morro artificial e dá vista para toda a Babilônia. Especialistas dizem que este era o principal e mais opulento entre todos os palácios do famoso ditador, que possuía uma série de moradias nababescas (e estratégicas) espalhadas por todo o território iraquiano. Hoje, uma tabela de basquete no meio do salão principal — abandonada por lá pelos soldados americanos que fizeram a farra saqueando tudo — é o símbolo perfeito do que foi a invasão americana nesse país. Uma das maiores demonstrações de falta de civilidade da história, levada a cabo em pleno berço da civilização. Sem entrar no mérito das ações do próprio Saddam, e para ficar restrito apenas à região da Babilônia, onde estávamos: sítios arqueológicos e patrimônios históricos da humanidade foram postos abaixo para dar espaço à construção de heliportos das forças aliadas.

Inicialmente, iríamos apenas visitar este milenar centro histórico da Babilônia. Além de abrigar os lendários Jardins Suspensos da Babilônia, conhecidos como a mais impressionante e misteriosa das Sete Maravilhas do Mundo Antigo, o lugar já foi capital da antiga Suméria (um dos mais avançados impérios de que se tem notícia) e onde foi redigido o Código de Hamurábi, o mais antigo conjunto de leis existente (o monólito onde estas leis foram escritas pode ser hoje encontrado no Museu do Louvre, em Paris). Obviamente, encontramos os famosos portões que dão nome ao lugar (Babilônia = Portões de Deus) fechados. Quem em sã consciência iria fazer turismo dentro daquele cenário digno de Rambo? Não dava nem para ficar surpreso ou decepcionado. Além de o Iraque estar praticamente em guerra, e estarmos em pleno período do Ramadã, o dia específico que escolhemos para o nosso passeio era também dia do funeral de um importante líder político. Quem seria louco de ir passear por Bagdá nessas condições? Pois é.

Não havia um carro sequer no imenso estacionamento do local, nenhum oficial nos postos de controle mais próximos, e os postos de informação estavam, literalmente, abandonados. Nenhuma alma viva em um raio de sei lá quantos quilômetros. O cenário era de cidade abandonada, igualzinho a essas dos filmes de zumbi. Nosso "motorista" e seu "amigo" (ambos entre aspas porque pareciam mais soldados mercenários

RABISCOS EM DIVERSOS IDIOMAS COBREM AS PAREDES DE TODOS OS CÔMODOS DA ANTIGA MORADIA DO DITADOR MAIS FAMOSO DO IRAQUE.

ESTA PROVAVELMENTE ERA A VISTA DE SADDAM HUSSEIN AO ACORDAR DE MANHÃ E SEGUIR PARA O BANHEIRO PARA ESCOVAR OS DENTES.

do que qualquer outra coisa) que nos levaram até ali devem ter se comovido com nossa decepção, pois decidiram que não deixaríamos o local sem visitar algo histórico. "Querem ir ali?", nos perguntaram apontando para um palácio que já havíamos reparado há muito tempo, pois se destacava por ser imponente em meio àquela paisagem desolada e abandonada no meio do deserto. De início, achamos que eles estavam brincando, ou que chegaríamos no máximo até o portão de entrada do palácio, que se encontrava obviamente interditado e cercado de bloqueios e arame farpado. Porém, só por garantia, respondemos "Claro!" em animado uníssono, como três[5] criancinhas prestes a adentrar o parque de diversões.

Algumas ligações foram feitas, conseguimos entreouvir umas discussões em árabe, até que surgiu do nada um senhor com pinta de mandachuva da área (apesar da ausência de uniforme oficial). Cabelos brancos, barba por fazer e barriga proeminente querendo ejetar os botões da blusa grudada em seu corpo pelo suor, o tal senhor entra em nosso carro após cumprimentar rapidamente e com certo mau humor os nossos queridos guias. Eles, que não falavam uma palavra em inglês, viraram-se para nós e sinalizaram, sérios, para entrarmos logo na viatura. Seguimos no carro em silêncio até a entrada do palácio, onde havia uma grande barreira feita com aquele típico arame farpado militar. Do tipo que só se encontra em países em guerra ou em filmes de ação, diferente do que estamos acostumados a ver cercando o galinheiro no sítio de um

---

[5] Digo três porque Pesca tinha decidido se ausentar deste passeio. Ele argumentara, com toda a lógica, que não via sentido em irmos fazer um passeio turístico se acabáramos de constatar claramente que o país ainda não estava preparado para tal. Havíamos inclusive discutido isso na noite anterior e chegado à conclusão de que era esta a exata, e triste, mensagem da nossa missão. A curiosidade e o senso de aventura falaram mais alto para UFO, Leo e eu. Mas quem tinha razão era Pesca, que preferiu ficar de fora dessa, na segurança do nosso hotel. Ironicamente, apenas um mês após deixarmos Bagdá, soubemos pela imprensa que um novo atentado ao Sheraton Ishtar havia feito mais de sessenta vítimas entre hóspedes e funcionários que conhecemos em nossa estada. A verdade é que ninguém estava seguro no Iraque naquele momento.

EU E A TABELA DE BASQUETE INSTALADA PELO EXÉRCITO AMERICANO NO SALÃO PRINCIPAL DO PALÁCIO.

tio qualquer. O senhor que nos acompanhava então salta calmamente, envia um sinal de seu walkie-talkie e pede que suspendam a barreira para passarmos. Nesse momento, nos entreolhamos incrédulos. Com um aceno de cabeça confirmamos que estávamos pensando a mesma coisa: em alguns minutos, estaremos vivendo uma das mais incríveis experiências de nossas vidas.

Como já havíamos reparado, imensos *tags* feitos em spray preto pelo exército dos EUA marcavam a entrada de cada construção nas imediações. Elas indicavam "BLDG #2", "BLDG #3" e assim por diante. Referindo-se a *"building number one, two, three...",* ou "prédios número 1, 2, 3..." Como sabíamos, as tropas aliadas usaram a região da Babilônia como base de operações e os prédios nos arredores acabaram sendo ocupados e tornando-se postos militares. O palácio de Saddam recebeu o *tag* "BLDG #1". Entre gestos e palavras ininteligíveis do oficial que nos levou até aquele lugar e de nossos guias, percebemos que nossa presença ali era severamente irregular e nosso tempo extremamente limitado. Passamos pela imensa porta principal decorada com imagens de gárgulas, deuses e do próprio Saddam e seguimos apressados pelos salões e quartos do lugar.

Nossas máquinas fotográficas não paravam, era um clique por segundo, quase. Leondre apertou o REC registrando tudo sem cortes, pois sabia que não havia ali dentro um momento que não fosse ficar na história do programa. Nossos guias nos chamavam pelo nome e diziam uma das poucas palavras em inglês que conheciam, mas que eram das mais importantes naquele momento: *"Hurry!"* [Depressa!]. O lugar, que tinha as dimensões (e valor histórico) de um pequeno museu, estava totalmente sujo e desarrumado. Parecia ter sido abandonado às pressas. O que aumentava ainda mais a impressão de estarmos entrando ali no rastro bem recente das tropas americanas. Tudo havia sido saqueado, mas a imponência dos imensos salões, das escadarias intermináveis e até do lustre gigantesco em uma das salas dava a ideia perfeita da megalomania de seu inquilino original. Íamos correndo de uma sala para outra, registrando nossas impressões, enquanto os guias nos apressavam com mais veemência, aflitos por estarmos ali indevidamente. Os banheiros, imensos, eram ornados em ouro. O quarto principal tem uma janela de mais de 10 metros de altura. Elevadores, hoje destruídos, interligavam os três andares da casa. Ao chegar ao terraço, uma vista deslumbrante e privilegiadíssima para toda a região da Babilônia.

Outro aspecto desse passeio nos marcou de forma especial. A intervenção visual imposta pelos últimos ocupantes desse polêmico e inegavelmente histórico lugar. As pichações das tropas americanas não deixaram em branco um metro quadrado das paredes da histórica edificação e, somadas aos escombros ainda espalhados pelo chão e a indefectível tabela de basquete instalada na gigantesca sala de jantar de Saddam, nos davam a impressão de estarmos de certa maneira presenciando em primeiríssima mão um dos mais recentes e trágicos capítulos da história iraquiana. Ofensas em inglês a Saddam Hussein improvisadamente rabiscadas com carvão nas paredes eram símbolos carregados de significado.

Durante os cerca de 80 quilômetros de volta ao hotel, os minutos iniciais de comemoração por nosso grandioso feito foram naturalmente dando lugar a um silêncio reflexivo. Nossas expressões sérias e o silêncio no interior do veículo não eram mais fruto do medo e da ansiedade. Tentávamos apenas, cada um a seu modo, organizar os pensamentos. Um esforço para contextualizar essa última e inacreditável aventura e, principalmente, dar sentido àquilo tudo. A dualidade daquela situação era muito forte e representativa da realidade atual do Iraque que visitamos. A capacidade do homem de criar tamanha beleza (representada pela Babilônia e o próprio palácio) e ao mesmo tempo tanta destruição (quantas guerras e violência teriam testemunhado essas duas magníficas construções?) parecia ter desenhado ali um cenário triste e difícil de ser revertido. O que mais haveria por trás desse quadro de instabilidade e violência? Nossa passagem tinha sido um erro, sem dúvida. Mas que lição havia para ser aprendida? O quanto de verdade existia por trás de tantas mentiras? A quem interessava a massiva propaganda enganosa de que fomos vítimas? Como acontece em toda guerra, nossas indagações acabavam se resumindo em um desolado "por quê?". Fizemos as malas, seguimos para o aeroporto e no voo de volta para casa os mesmos conflitos martelavam nossas cabeças. A dualidade da guerra escancarada e evidenciada em sua face mais obscena. Bem ali, em um dos mais sagrados e históricos centros da humanidade. Melancolia e excitação; esperança e lamento; alegria e tristeza se confrontavam e equilibravam nossas análises. É difícil tentar dar sentido ao incompreensível. Esse imenso ponto de interrogação nos acompanharia para sempre ao nos lembrar de nossos poucos dias imersos nesse conflito tão presente na vida do povo iraquiano. E, infelizmente, esse redemoinho de tensão, tristeza e incredulidade formado pela violência da guerra parecia estar ainda longe de um fim.

DA SACADA DO PALÁCIO DE SADDAM, A AMPLA VISTA PARA A CIDADE HISTÓRICA DA BABILÔNIA.

OS PORTÕES DA BABILÔNIA (FECHADOS, CLARO).

CLIMATE
JUSTICE
NOW

REINO DA DINAMARCA

Governo	Monarquia constitucional
Capital	Copenhague
Idioma	Dinamarquês
Moeda	Coroa (DKK)
População	5.475.791
IDH	19º lugar
Internet	Wi-Fi de graça nos hotéis, bares e restaurantes!

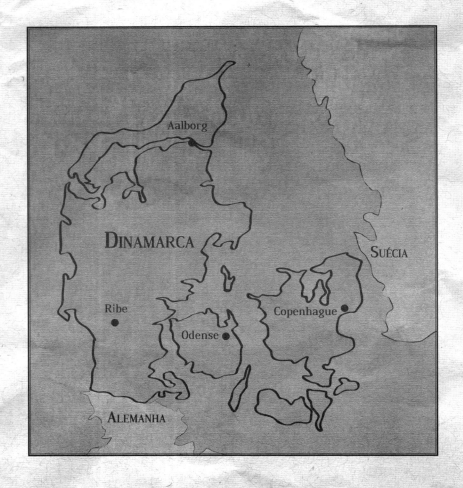

CONGELANDO NO AQUECIMENTO GLOBAL

Infelizmente, os focos de conflito mundo afora estão longe de se esgotarem. Mas, para mostrar que também há outro tipo de destino inóspito ameaçando a todos nós e o planeta onde vivemos, decidimos abordar o tema do aquecimento global. Assim como as guerras civis, as ditaduras opressoras, a exploração e o crime organizado, esse outro mal, não tão recentemente descoberto, e que, claramente, também tem o dedo do homem, está em um momento-chave e decisivo. Muitos cientistas acreditam que ou mudamos agora o nosso destino climático ou... babau! Outros chegam a argumentar que essa história toda é conversa para boi dormir, uma falácia que atende a interesses privados. Tínhamos acabado de voltar do tórrido Iraque e, naquele momento, só havia um lugar no mundo para quem quisesse se aprofundar no delicado tema do aquecimento global, entrar em contato com defensores das principais teorias sobre o assunto e aproveitar para ouvir o maior número de especialistas (e lunáticos) do tema: a gelada Dinamarca.

Foi assim que resolvemos dar um passo estratégico e inovador com o projeto *Não conta lá em casa* e embarcamos com destino à Escandinávia. Em Copenhague, tentaríamos acompanhar o máximo possível os acontecimentos da COP 15, a conferência da ONU que, teoricamente, iria propor alternativas, metas e obrigações com o objetivo de evitar um destino poluído, aquecido e catastrófico para o nosso planeta. E se eu digo que nossa ideia era acompanhar o máximo possível e não o evento em sua totalidade é porque, bem ao nosso estilo, decidimos tudo de última hora. Não tínhamos credenciamento algum e o esquema por lá, obviamente, era de segurança máxima. Os eventos principais aconteceriam em um pavilhão imenso e supermoderno montado pela ONU e guardado por forças especiais treinadas exclusivamente para a

A JUVENTUDE ENGAJADA DE COPENHAGUE PEDINDO MAIS AÇÃO E COMPROMISSO COM A CAUSA AMBIENTAL.

A MENSAGEM ÀS VEZES ERA DADA DE MANEIRA DIVERTIDA: "APENAS POLÍTICOS DE PAU PEQUENO PRECISAM DE UM CLIMA MAIS QUENTE."

COP 15

ocasião. As credenciais para acompanhar as palestras e os discursos no interior do local eram garantidas apenas para profissionais da CNN para cima. Mas, como também é de costume, nessas horas nos desdobramos em mil, contamos com a ajuda divina e a sorte nos sorri, proporcionando encontros e situações que nenhum crachá ou pulseirinha VIP conseguiria facilitar.

Mas, antes de mais nada, nossa primeira preocupação era chegar lá. Algo tão corriqueiro como conseguir passar pela imigração dinamarquesa não prometia ser uma tarefa das mais fáceis. Nossos passaportes a essa altura já estavam carimbados com os mais famosos e polêmicos destinos do Oriente Médio. E, para quem não lembra, foi mais ou menos nessa época que um cartunista dinamarquês resolveu fazer um desenho debochado de Maomé, o que despertou a ira islâmica contra este pacífico recanto escandinavo. Nesse momento em que o país abrigava grandes líderes mundiais e se tornava o foco da atenção de todo o planeta, o medo de um atentado era real. Temíamos seriamente que nossos passaportes não fossem vistos com bons olhos. Além do mais, escapar do Iraque para ser vítima de bomba em um dos países com a melhor qualidade de vida do mundo seria cômico se não fosse trágico. Para nossa surpresa e incredulidade, após atravessar a fronteira da União Europeia em Portugal (escala do nosso voo), ouvindo apenas umas divertidas grosserias do oficial da imigração portuguesa, adentramos a Dinamarca sem revista nenhuma! Espero que, caso haja terroristas que estejam lendo este livro, não tomem isso como uma dica.

Copenhague, considerada uma das cidades mais "verdes" do mundo, tinha abraçado mesmo o COP 15 se multiplicando em variados eventos de temática ecológica. Além do centro principal de convenções, havia dezenas de fóruns paralelos, atividades ambientais, *flashmobs*, ativistas ilustres e manifestações acontecendo por toda parte. Com destaque para as muitas, variadas e diversificadas manifestações! A cidade estava respirando CO_2 e seus males 24 horas por dia durante os sete dias da semana. E foi nessa onda verde que a gente surfou. Trocadilhos infames à parte, estar sediando e vivendo aquele momento histórico era um verdadeiro orgulho para a Dinamarca e seu povo. A imprensa local incentivava e os dinamarqueses se esforçavam para ficar conhecidos como os melhores anfitriões de toda a história dos encontros ambientais. E isso não era algo imposto pelo governo local ou pela ONU, que organizava a grande conferência. Eles estavam se desdobrando para promover a causa ecológica e tornar possível ao maior número de pessoas a participação nos eventos. Foi assim que a gente conseguiu até lugar para ficar por lá. Vários moradores de Copenhague estavam abrindo seus lares a estrangeiros que gostariam de fazer parte deste grande acontecimento, mas que não haviam conseguido lugar nos hotéis e albergues totalmente lotados da cidade. Bastou que a gente tomasse conhecimento disso, para contatar um dinamarquês (ou dinamarquesa, no caso) no Facebook e pronto: estadia para quatro pessoas em uma típica casinha de madeira com direito a lareira em um idílico subúrbio da cidade. E de graça! Tudo em nome da cidadania. Era muito primeiro mundo para nossas cabecinhas.

Tudo que acontecia em Copenhague naqueles dias estava ligado ao tema da conferência. Dos anúncios no aeroporto às opções naturebas nos cardápios dos restaurantes. Passando por feiras nas praças, exposições, *outdoors*... Era pisar na rua e se sentir parte desta causa simpática a todos. Mas o ponto central de todo esse movimento era o encontro dos grandes líderes mundiais no COP 15, que acontecia no tal pavilhão fortemente guardado no Bella Center. Ele ficava em uma área estrategicamente afastada do centro da cidade. E foi justamente devido a esse distanciamento, não só físico como também ideológico, que surgiram algumas das mais interessantes iniciativas paralelas. O pessoal envolvido diretamente com a causa do aquecimento global acha que as decisões tomadas dentro do centro de convenções principal não refletiam o verdadeiro desejo da população mundial. Os principais e

 BRUNO PESCA EXIBE UMA MENSAGEM DOS MANIFESTANTES ("PLANETA, E NÃO LUCRO") E PASSA A SUA PRÓPRIA MENSAGEM ("A MUDANÇA ESTÁ EM VOCÊ") PARA UMA REDE DE TV LOCAL.

mais contundentes membros de ONGs e ativistas das causas ecológicas acreditam que as medidas tomadas nas excludentes reuniões oficiais do COP 15 quase não são implementadas e que os chefes de Estado estão mais preocupados em parecer conscientizados do que em definir metas efetivas a serem cumpridas. Em outras palavras: de mudança climática mesmo, querem muito pouco. Por isso, esses voluntariosos ambientalistas se esmeravam em organizar suas próprias conferências alternativas que, segundo eles, eram bem mais comprometidas com a causa.

Apesar das ressalvas, não havia como ir para a Dinamarca e ignorar o foco da atenção de todo o planeta naquele momento. Demos uma passada pelo Bella Center e o clima era frio (ops...), a proteção aos líderes mundiais que ali estavam para discursar e se reunir era fortíssima. Era possível vislumbrar por entre as grades de proteção os principais âncoras e repórteres da grande imprensa mundial flanando com garbo na área restrita. Produzindo suas matérias assépticas, felizes por fazerem parte da alta-roda do jornalismo mundial. Muita segurança, pouco debate e quase nada do que realmente interessa: pessoas interessadas em fazer a diferença. No fim das contas, acabou que só passávamos todo dia ali pela área do Bella Center para pegar uns deliciosos sanduichinhos de pepino com maionese que uma defensora da causa *vegan* oferecia de cortesia para divulgar os benefícios da dieta vegetariana ao planeta. Você diminui em 80% seu gasto de carbono com uma dieta livre de produtos de origem animal, sabia?

Das principais opções ao COP, tanto o Hopenhagen, patrocinado por megacorporações e que ocupava uma grande praça no centro da cidade com diversas exposições interativas, quanto o Klimaforum, que acontecia no prédio de um grande complexo esportivo e representava uma espécie de versão "verde" do Fórum Social Mundial (que acontece em paralelo ao oficial Fórum Social Econômico), eram muito mais divertidos, contundentes e interessantes do que o badalado evento principal que ocupava com exclusividade as páginas dos jornais mundo afora.

PLANET NOT PROFIT

ENTREVISTANDO UM "URSO-POLAR"
NO FRIO DINAMARQUÊS.

Foi nesses fóruns alternativos que entrevistamos representantes de ONGs de diversos países e causas e onde atuamos diretamente contra a mudança climática, mesmo que de uma forma bastante simbólica. Das teorias defendidas, vimos algumas particularmente interessantes. Como, por exemplo, a de um grupo liderado por um amistoso senhorzinho que pregava o boicote aos voos domésticos (uma solução que parece tresloucada, mas que era defendida com bastante fundamento por europeus bem servidos em matéria de sistema ferroviário), ou os representantes de países-ilha que em breve sumirão do mapa, literalmente, por conta do aquecimento global e o aumento do nível dos oceanos. Havia até gente defendendo que essa história toda é um factoide (!) criado pelo megainvestidor George Soros (!!) para dominar o mundo (!!!). O que não faltava eram conversas legais. Das mais profundas às mais surreais. Além das discussões acaloradas, e para espantar o frio que congelava até nossas ceroulas, participamos de algumas inusitadas ações ecológicas. Andamos em um carro elétrico criado para ser o veículo-modelo da polícia da Dinamarca, pedalamos para iluminar de forma não poluente a árvore de Natal da cidade, almoçamos em um restaurante 100% orgânico e fizemos parte (como espectadores, é claro) de um mergulho gelado nas águas do porto de Copenhague, um dos mais limpos do mundo.

O ponto alto de nossa estadia sem dúvida alguma ficou guardado para nosso último dia na cidade, quando participamos da grande manifestação que juntou mais de cem mil pessoas nas ruas de Copenhague. A segurança era uma preocupação não só da polícia, que era ostensiva como nunca havíamos visto em um grande evento em outro lugar do mundo, como do próprio povo e do pessoal que organizava e participava desta imensa passeata. Havia o medo de atentados, óbvio, mas a preocupação maior, acredito, era com os tradicionais anarco-punk-socialistas-rebeldes-etc. que eram vistos em todas as ruas da cidade. Vestidos de preto dos pés à cabeça, calçando coturnos com tachinhas, correntes no lugar de cintos e penteados cuidadosamente desgrenhados, eram facilmente reconhecíveis onde quer que estivessem (o que passava uma mensagem meio confusa sobre suas reais intenções). Não basta ser rebelde, tem que parecer rebelde, não é? Chegamos a ver umas confusõezinhas causadas por esta rapaziada, mas nada que assustasse brasileiros que já tenham ido a um jogo de futebol ou corrido de um arrastão na praia.

Apesar das notícias de confrontos e mais de novecentas prisões, a imensa passeata foi um show de civilidade e paz. Era muita gente nas ruas, milhares de cartazes, carros de som, faixas de protesto, jovens, velhos, pais, bebês (muitos), punks, hippies, políticos, e até ursos polares! Claro que era só um casal de gringos fantasiados! O frio era grande, mas nem tanto. Ironia das ironias foi não só percorrer alguns dos destinos considerados mais tensos, perigosos e violentos do planeta, justo no país teoricamente mais evoluído (pelo menos em termos econômicos) de todos que já tínhamos visitado até então, como também sofrer nossa primeira agressão física desde o início do *Não conta lá em casa*. Ao filmar um desses grupos de revoltados jovens europeus criados à base de leite Ninho marchando cheios de atitude por entre um mar de gente alegre e pacífica, nosso intrépido Leondre tomou um safanão que quase lhe arremessa a câmera longe. Se seus trajes e atitudes têm como objetivo chamar a atenção para seja lá qual for sua causa, mais uma vez não fica muito claro por que a aversão a uma filmadora. Para mim, ficou a impressão de que o negócio deles era se rebelar. Contra o quê, não sei. Legítimos rebeldes sem causa.

Participar daquele evento foi algo único e sem precedentes para a gente. Apesar da urgência da causa, talvez pelo fato de o aquecimento global ser uma ameaça lenta, silenciosa (o que a torna ainda mais mortal), e que aflige a todos igualmente e que não carrega aquele caráter pesado de indignação e revolta como em passeatas contra guerras e outros crimes contra a humanidade. O inimigo era comum a todos. Por isso, estavam ali em torno de um só ideal. Abraçando uma só causa.

CENAS DO GRANDE PROTESTO NO ÚLTIMO DIA DA COP15: PUNKS, SENHORES DE IDADE, ATIVISTAS E CARRINHOS DE BEBÊ MARCHANDO PACIFICAMENTE.

Justamente por esta ser, infelizmente, uma das causas mais cruelmente democráticas dos nossos tempos. Nossa ideia inicial era não só documentar, mas também fazer parte disso tudo. Até porque, e nesse caso felizmente, uma das grandes lições que trouxemos de lá é que todos devemos e podemos dar nossa contribuição para tentar impedir esse desastre natural que cresce em progressão avassaladora. Diferente dos outros grandes conflitos e temas urgentes que presenciamos em nossas viagens, atuar de forma efetiva contra o aquecimento global é algo que todos nós podemos fazer. Com pequenos gestos e diariamente. Seja no gelo da Dinamarca, no quintal de casa ou em uma ilhazinha isolada no meio do Pacífico.

TUVALU

TUVALU GOVERNMENT
DEPARTED
2 3 MAR 2010
TUVALU IMMIGRATION

TUVALU IMMIGRATION
Section 9, Caps 77
Permit to Enter or Visit
Date 18/03/2010
and remain for .... days
Prohibited to work or study

Current

from

You mus
or face

New Zealand

TUVALU

Governo	Monarquia constitucional
Capital	Vaiaku
Idioma	Tuvaluano ou inglês
Moeda	Dólar de Tuvalu ou dólar australiano
População	12.273
IDH	(não disponível)
Internet	Wi-Fi lentíssima em algumas pousadas

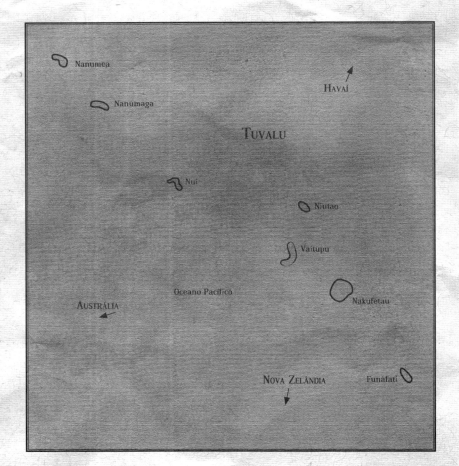

O PARAÍSO EM EXTINÇÃO

Nossa missão é, claramente, desbravar os países mais polêmicos e perigosos do globo. Foi assim que, entre percalços e aventuras, nos deparamos com ditaduras opressivas, países em guerra, regiões arrasadas e algumas das maiores lições que alguém pode levar dessa vida. Mas nenhum dos locais que analisamos em pesquisas, que colocamos em debate como possíveis destinos de filmagem ou que sugerimos em nossas trocas de e-mails de produção parecia aconselhável para uma viagem de turismo daquelas típicas, pelo menos para o turista tradicional. Tudo bem que o Irã se revelou um país super-hospitaleiro, que na Etiópia há cidades históricas lindíssimas ou que Mianmar tem pelo menos um patrimônio da humanidade em cada cidade, mas todos esses destinos apresentam suas particularidades e requerem um mínimo de espírito aventureiro (e ausência de frescura) para serem desbravados a fundo. Todos, exceto Tuvalu, uma pequena ilhazinha perdida no Pacífico Sul com praias desertas de areia branca e águas cristalinas. Exatamente como manda a cartilha da praia paradisíaca. Visuais que pareciam ter sido pintados a mão. Paisagens iguais àquelas fotos que aparecem no Google quando você procura pelo termo "paraíso".

Se há um destino do *Não conta lá em casa* que merece ser visitado por amantes da natureza, casais em lua de mel e historiadores, tudo na maior paz e tranquilidade, esse lugar é Tuvalu. Não havíamos chegado até lá por engano ou em rota de fuga de algum exército rebelde. Conforme aprendemos na COP 15, o arquipélago de Tuvalu está ameaçado de se tornar o primeiro país a sumir do mapa. Literalmente.

ATLÂNTIDA MODERNA

Nossa história com Tuvalu tinha começado algum tempo antes de colocarmos nossos pés nesse minirrecanto polinésio localizado entre o Havaí e a Austrália. Conforme já relatado neste livro, no início de 2010 fomos para a COP 15. Passeando entre os diversos seminários ecológicos, manifestações populares, projetos de ONGs e promessas vazias dos líderes das grandes nações, sempre esbarrávamos com a causa de Tuvalu. O nomezinho desconhecido do quarto menor país do mundo, com apenas 26 quilômetros quadrados e menos de 13 mil habitantes, crescia em importância no encontro, devido ao fato de inúmeros cientistas garantirem que esta seria a primeira nação a desaparecer completamente do globo por conta do aquecimento global e a consequente subida das marés. Segundo eles, a população inteira terá que migrar para a Austrália ou a Nova Zelândia, uma cultura que irá desaparecer por completo e suas belas praias em breve serão apenas uma triste memória em um cartão-postal. Em resumo, Tuvalu seria engolida pelo mar. Uma Atlântida dos tempos modernos.

Então, antes que o dia do juízo final ecológico acontecesse para a ilha, resolvemos ir até lá conferir a real situação. Mas o "ir até lá" não era tão simples assim. Tuvalu é formada por nove atóis e mais de trinta ilhas. Desses nove atóis, apenas oito são habitados (daí o nome Tuvalu, que significa "Grupo de Oito"). Funafuti é o principal deles e o que abriga a capital Vaiaku e o único aeroporto do país. Existe apenas um voo por semana para o local. O avião que traz você é o mesmo que o levará embora cinco dias depois. Chegar até esse idílico recanto no Pacífico leva tempo e são necessárias algumas escalas. A cada uma delas parece que os aviões vão diminuindo de tamanho, e o último deles é um legítimo teco-teco da Air Fiji, única companhia que opera voos para o lugar e,

WHAT'S HAPPENING TO TUVALU
VICTIMS OF ME AND YOU
THEY'RE SLOWLY GOING TO BE
UNDER THE WATERS OF THE SEA

AS THE WAVES HIT THE SHORE
NONE OF US CAN IGNORE
THAT TUVALU IS SINKING
WHAT ARE WE THINKING?

IF YOU REALLY WANT TO
YOU CAN SAVE TUVALU
WITH A SOLEMN PROMISE
HUMANITY CAN PROGRESS

DREAMS CAN COME TRUE
WE CAN SAVE TUVALU
EVERY ACT WE DO
IS FOR THEM, IS FOR YOU

NOSSA ROTINA EM FUNAFUTI: ACORDAR, TOMAR CAFÉ, CAMINHAR DOIS MINUTOS E DAR UM MERGULHO MATINAL NESTA PAISAGEM.

mesmo assim, com severos limites de bagagem (mas, uma vez em Tuvalu, você vai perceber que não precisa de nada além de uma roupa de banho e um protetor solar). Partindo do Brasil, a opção mais rápida é via Chile, Nova Zelândia, Fiji e, finalmente, Tuvalu. Quase três dias depois. Mas, se a ideia é conhecer um dos recantos mais isolados do globo, não poderia ser diferente.

Depois de passar talvez pela menor alfândega do planeta, de imediato você percebe o quão real é a ameaça climática para Tuvalu. O país é impressionantemente pequeno! O que o torna ainda mais delicado, coloquial e simpático. O "pico" mais alto não passa de 4 metros de altitude! E a extensão da ilha não ultrapassa 10 quilômetros. Até pelo tamanho da pista de pouso em relação ao país, essa acaba sendo a grande referência local. Famílias se aglomeram nas cercanias do aeroporto para receber os visitantes, os hotéis ficam a poucos passos dali e para se locomover pela cidade você acaba cruzando-a algumas vezes ao dia. Não, não existem cercas, seguranças ou proteção. É apenas uma grande rua asfaltada no meio de uma pequena ilha. *Scooters* são o meio de transporte favorito de dez entre dez tuvaluanos. Elas podem ser alugadas em uma lojinha que fica a poucos metros do aeroporto (e do hotel, do restaurante...), e passear de uma ponta a outra da ilha em uma dessas motocas não leva mais do que vinte minutos. Afinal, há apenas uma rua paralela à pista de pouso que atravessa toda a capital. De um lado, uma zona de preservação ambiental com praias de águas permanentemente calmas e azuis em um tom que lembra o de uma piscina. Do outro, uma barreira de corais com ondas se chocando violentamente. Um onipresente alento da maré que se aproxima.

Conseguir um hotel em Tuvalu é bem fácil. Primeiro pelos poucos turistas, exceto os engajados climáticos, que circulavam no lugar. Segundo, não precisa de táxi, trem ou metrô para ir até lá. A alguns passos da saída do aeroporto, chega-se à Filamona Guest House. E, se esta não for de seu agrado, alguns passos adiante existem outras acomodações de estilo bem parecido. Ao todo são cinco hospedarias; aquelas casas de família em que os quartos são alugados para hóspedes. Só há um hotel tradicional na capital, o Vaiaku Lodge, que possui 16 quartos e uma vista privilegiada da praia. No caso, para nos sentirmos mais no clima da ilha, ter uma interação maior com os locais (OK, isso já não era tão difícil assim) e economizar um trocado, optamos por uma hospedaria, mesmo. E não nos arrependemos. Não há luxo ou mimos como xampuzinho de hotel, touca de banho, café colonial ou outras regalias. A diária oferece um quarto com duas camas, um ventilador de teto e uma ducha de água doce. Ponto. Mas o clima familiar compensa. A matriarca coordena a administração (e ela é quem cobra religiosamente o pagamento de sua diária, como se fosse possível fugir da ilha a nado sem pagar) e o restaurante no pátio externo, as filhas trabalham na arrumação dos quartos e a mais velha consegue até configurar a internet no seu computador. O café da manhã é servido em conjunto na cozinha, hóspedes e funcionários/moradores misturados. Não custa ajudar lavando sua louça, a vovó responsável pela copa agradece. A sala fica reservada para um momento de relaxamento após um dia cansativo na praia, e todos se reúnem em torno da velha TV para assistir a alguma partida de rúgbi (influência dos países vizinhos).

LIFE'S A BEACH

Mas o grande atrativo de Tuvalu é mesmo a sua beleza natural. O atol de Funafuti tem o formato de uma imensa lagoa azul e sua costa interna é formada por uma sucessão de praias de cenário incrível! E o melhor: desertas! Você fica esperando ver a qualquer momento Brooke Shields — 15 anos mais nova e vestida em seu figurino de *A lagoa azul* —

EMBARQUE NO PORTÃO 6!

UM PASSEIO PELAS MENORES E CADA VEZ MAIS RARAS ILHAS DO ARQUIPÉLAGO.

sair do mar vindo de um mergulho. Menos de mil turistas visitam o remoto destino anualmente. A grande maioria é formada por ativistas ecológicos que chegam ao país em missões que não incluem pescarias ou manhãs ao sol, mas análises do solo e medições geológicas. Então, as chances de você esbarrar com outros visitantes são remotas. Dessa forma, Tuvalu acaba se tornando um paraíso particular. E ele pode ficar ainda mais exclusivo. É possível chegar aos outros atóis e ilhas mais afastados, porém somente com a ajuda de um navio cargueiro. O tal navio visita as áreas mais remotas em intervalos de três a quatro semanas e por uma quantia bem baixa aceita dar uma "carona" aos turistas mais aventureiros. Não existem acomodação, restaurantes ou mercados. É necessário levar barraca, provisões e um kit de primeiros socorros por garantia. Mas os locais garantem que o visual é ainda mais belo que o da já estonteante capital e compensa qualquer sacrifício. Para os pacatos, há a opção de um passeio pelas ilhas próximas, localizadas no atol principal. Por pouco mais de 20 dólares (o preço é acertado com os barqueiros locais), você sai em um barquinho de pesca e quarenta minutos depois está em uma pequena ilha deserta. O preço inclui máscaras de mergulho para você desbravar todo o redor da ilha enquanto seu barqueiro prepara um churrasco de peixe arpoado ali na hora. Um isopor carregado com cerveja gelada, sucos e refrigerantes completa a festa na areia. Outras destas ilhas menores podiam fazer parte do mesmo roteiro, mas os locais garantem que parte delas já foi completamente engolida pelas águas ao longo das últimas décadas. O cemitério de palmeiras que é possível ver em um rápido mergulho próximo à margem comprova as alegações e é um triste lembrete do drama que vive esse lindo paraíso e seu povo.

O turismo, ao mesmo tempo que ajuda com sua valiosa contribuição econômica, deve ser realizado de forma extremamente consciente. Em uma ilha daquele tamanho, a quantidade de lixo acumulado pode acarretar um desequilíbrio ecológico desastroso. Por isso, ao deixar

ARQUIBANCADA PARA ASSISTIR AO PÔR DO SOL.

PARA TODO LUGAR QUE VOCÊ OLHAVA EM TUVALU O CENÁRIO ERA DE CARTÃO-POSTAL.

TRECHO MAIS ESTREITO DE TUVALU, JÁ QUASE DIVIDINDO A ILHA EM DUAS.

Tuvalu, você não sairá com sacolas dos últimos lançamentos da moda ou novos *gadgets* eletrônicos, mas com os detritos gerados em sua passagem por ali. Uma atitude fundamental para não perturbar o equilíbrio ecológico local. E que faz refletir.

Entre passeios de pés descalços pelas praias mais próximas, manhãs de mergulho no mar azul e fins de tarde comendo peixe fresco e *pulaka* (prato típico à base de um legume local) em sua casa/hotel, o clima da ilha acaba tomando conta do seu cotidiano. Não há grande variedade de programações, a vida simples no paraíso se transforma em rotina. Até a economia local é um atestado do cotidiano tranquilo de Tuvalu. Mais de dois terços da população vive do mercado informal, da agricultura e da pesca para subsistência. Grande parte da receita do país vem de fontes curiosas, como a venda do domínio ".tv" para sites de internet ou do prefixo 900 de telefonia, além de um fundo mantido pela Inglaterra, Austrália e Nova Zelândia. O dólar local tem paridade com o australiano, e é possível fazer o câmbio no aeroporto, no hotel, no restaurante... Mas todo mundo aceita o dólar americano ou australiano também. Cartão de crédito? Claro que não. Os dias se fundem e o *island style*, como eles chamam, acaba se tornando seu modo de vida. Até o tempo parece ganhar um ritmo diferente, e fica cada vez mais difícil ter que deixar Tuvalu.

Aquela grande família que é a população local em alguns dias já o chama pelo primeiro nome, marca passeios para você e o recebe em casa com seu prato favorito na mesa e uma cerveja australiana geladinha para acompanhar. Um povo de sorriso aberto e hospitaleiro que nos acolheu como convidados de honra e se despediu como se fôssemos seus novos filhos adotivos. Ao ir embora, recebemos de nossos anfitriões colares de conchas como suvenires e foi impossível não pensar que nossa realidade mudaria tanto, mas que essa enorme família continuaria ali quase alheia ao silencioso destino que se aproximava implacavelmente. Muitos sem saber o que está acontecendo, outros desacreditando da provável

O DESCANSO DOS GUERREIROS!

VAI DIZER QUE O CENÁRIO NÃO É MESMO DE "FIM DO MUNDO"?

tragédia. No entanto, uma enorme quantidade de pessoas simples seguirá lutando como pode pela sobrevivência de sua terra, de sua cultura, de seus filhos. Era duro e nunca mais, nem por um minuto, sairia da nossa cabeça o impacto direto, mesmo que muitas vezes despercebido, das nossas ações na vida de cada um que conhecemos ali.

Tuvalu é emblemático! Seja por seu tamanho, por seu povo alegre ou por sua beleza natural. E tudo isso somado é que tornava ainda mais desesperador o fato de que somos nós que estamos diariamente apertando o gatilho que vai dar cabo daquilo. Desperdício de água, de energia, consumismo exacerbado, poluição, emissão de carbono... No fundo, todos sabemos o que está causando essa tragédia no Pacífico. Mas o que estamos fazendo para mudar o triste destino desse pedacinho de paraíso? Porque Tuvalu nada mais é que o exemplo imediato do que pode acontecer com todos nós. Com nossos filhos, nosso país, nosso planeta. Como disse uma das pessoas que conhecemos lá: "Será que a gente não consegue pensar um pouco no drama do próximo? Será que vamos esperar a situação bater à nossa porta para tomar uma atitude quando já for tarde demais?" Para os nossos amigos de Tuvalu a hora é agora. Eles já estão sofrendo as consequências das ações dos outros. Cabe a nós tentar mudar o destino desse paraíso que está morrendo. Cabe a cada um de nós lutar para que Tuvalu não desapareça. Pois lutar por eles é lutar pelo que há de mais belo no nosso planeta. E é lutar por nós mesmos.

ETIÓPIA

PARA LER OUVINDO "WAR", DE BOB MARLEY

COM A MOLECADA ETÍOPE NO MONUMENTO EM HOMENAGEM AO IMPERADOR HAILÊ SELASSIÊ NO CENTRO DE ADIS-ABEBA.

REPÚBLICA FEDERAL DEMOCRÁTICA DA ETIÓPIA

Governo	República federal parlamentarista
Capital	Adis-Abeba
Idioma	Amárico
Moeda	Birr etíope (ETB)
População	79.221.000
IDH	171º lugar
Internet	Relativamente rápida, mas difícil achar Wi-Fi

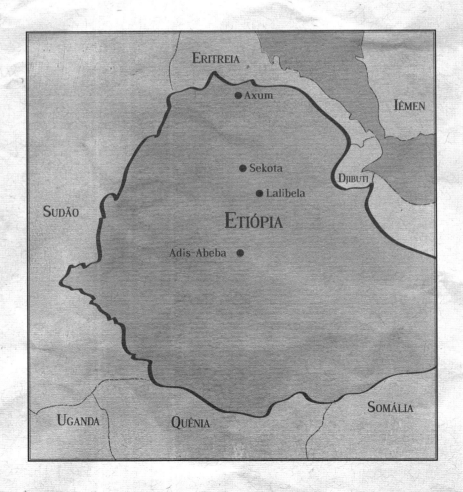

Etiópia

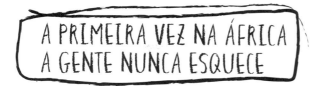

(Para ler ouvindo "War", de Bob Marley)

Agora a coisa começava a mudar um pouco de figura. Íamos para um destino inédito para o programa: o continente africano! A África é um continente marcado por fome, epidemias de Aids, secas, guerras civis, exploração, milícias, anarquia e disputas tribais. É só citar um problema social, político ou econômico qualquer que, certamente, você encontra na África um exemplo para ilustrá-lo. É um lugar historicamente complicado, e muito do que enfrenta tem raízes na exploração e agressão vindas de fora. É também um lugar que o mundo parece manter esquecido. Longe de seus olhos. A não ser em episódios de claro interesse cruel e exploratório. Por pura ignorância ou pelo tamanho dos dramas de vários países dali, poucas pessoas associam o imenso continente africano a algo que não esteja ligado a animais selvagens ou à miséria humana. Na cabeça de grande parte da população mundial, fome e miséria estão para a África como samba e futebol estão para o Brasil.

Apesar de todo o preparo, informação e estudo, sabíamos que seria um choque encarar a aridez deste inédito destino do *Não conta lá em casa*, em todos os aspectos. Ainda assim, como portão de entrada escolhemos a região conhecida como Chifre da África, no Nordeste do continente, que abriga mais de 100 milhões de indivíduos divididos entre Eritreia, Etiópia, Somália e Djibuti. Um lugar com uma história milenar e riquíssima, mas que há décadas sofre com constantes e variadas crises e desastres naturais.

Escolhemos a Etiópia como primeiro país a ser visitado em nossa empreitada africana devido à força que esse nome tem no imaginário de todos que viveram a infância ou a adolescência nos anos 1980.

TANQUE ITALIANO ESQUECIDO EM ALGUM LUGAR DA ETIÓPIA.

UM DIA QUALQUER NO MERCATTO DE ADIS-ABEBA, CAPITAL DA ETIÓPIA.

Além de seu fortíssimo componente histórico, claro. Infelizmente, as primeiras imagens que surgiam em nossa mente eram de fome, Aids, guerras de fronteira, refugiados, seca e miséria. Tudo isso envolto em um cenário bege e árido formado por centenas de montanhas que, amontoando-se umas sobre as outras, criam paisagens inacreditáveis. O que muita gente não sabe é que a Etiópia é também a região conhecida como berço da humanidade. Ali foram encontrados fósseis de milhões de anos. Alguns dos mais antigos e importantes de que se têm notícia. Lá também estão presentes igrejas milenares que tornaram o país uma referência mundial para o cristianismo (que, apesar de constituir a religião com o maior número de fiéis, convive pacificamente com a grande parcela muçulmana da população). Como não bastasse tudo isso, a Etiópia, por toda a sua história, é considerada a Terra Prometida (Zion) e foco central da ideologia rastafári. A religião/estilo de vida que se tornou popular nas canções do jamaicano Bob Marley, maior ídolo do reggae de todos os tempos. O próprio Deus encarnado dos *rastas*, Jah Rastafari, é ninguém mais, ninguém menos, que o lendário imperador e herói do povo etíope, Hailê Selassiê.

Geograficamente, a Etiópia fica em um ponto crucial no Chifre da África. Embora não tenha saída para o mar, ela ocupa uma posição politicamente estratégica, que faz fronteira com todos os países da região. E, enquanto quase todos os países africanos têm pouco menos de um século de vida, a Etiópia sempre foi independente e por isso é um dos mais antigos países do mundo. Mesmo após a Conferência de Berlim, que dividiu a África entre as potências coloniais europeias, a Etiópia conseguiu manter a sua independência. Conseguiu resistir até as tentativas de invasão por parte da muito mais rica e poderosa Itália. O único e breve período de ocupação italiana se deu durante a guerra entre os dois países. E não durou mais do que poucos anos. Nessa ocasião, mais precisamente em 1935, o imperador Hailê Selassiê (Jah!) fez um inflamado discurso em apelo à Liga das Nações (o embrião da ONU) que lhe valeu o título de Homem do Ano da revista *Time*. Dizem que o lendário imperador etíope era bom de discurso, mesmo. Tanto que outro de sua autoria, proferido diante da Assembleia Geral das Nações Unidas em 1963, ficou imortalizado na canção "War" do mais famoso rastafári da história, Bob Marley.

Mesmo com essa história de luta e sobrevivência, a Etiópia sempre foi um país bem humilde e que sofreu muito nos anos 1980 com uma séria epidemia de fome. A falta de chuvas nesse período provocou uma seca que, com o mau planejamento do governo e a natural dificuldade da agricultura na região (ajudada em grande parte por décadas de desmatamento para produzir carvão), fez mais de um milhão de vítimas. Os olhos do mundo inteiro se voltaram para um drama que na era pré-internet parecia ainda mais distante e sem solução. Imagens de crianças definhando e sendo devoradas por moscas davam uma sensação de impotência ao mais abnegado filantropo. Mesmo ações humanitárias capitaneadas pelas maiores celebridades da época, como o "We Are the World" de Michael Jackson, pareciam não chegar a arranhar a superfície do problema. Aquela enorme massa seguia morrendo de fome diante dos olhos do mundo. E diante dos olhos de crianças que, como eu, viveram a década de 1980 e que, criadas com o auxílio de uma exímia babá eletrônica chamada televisão, tiveram registrada em seus subconscientes a imagem de uma Etiópia de clima implacável, de seca, fome e morte. Por todos esses motivos, ficava claro que nenhum outro lugar poderia ser mais perfeito para a primeira incursão do *Não conta lá em casa* no continente africano.

Com poucos dias já dava para perceber que Adis-Abeba, a capital do país, não era o que poderíamos qualificar como um lugar como outro qualquer na África. Muito movimentada, com uma área urbana bem

COM NOSSOS ENTREVISTADOS EM UM BAR NO INTERIOR DE UM CAMPO DE REFUGIADOS DA ERITREIA, NA ETIÓPIA.

VOANDO DE PRIMEIRA CLASSE. UM FOKER 50 DA ETHIOPIAN AIRLINES. MAS NÃO DEIXA DE SER PRIMEIRA CLASSE, NÉ?

extensa e trânsito de cidade grande, Adis, para os íntimos, se destaca da maioria das cidades do continente. A cidade é considerada a capital política da África devido ao seu posicionamento geográfico e histórico-diplomático. É nela também que fica a sede da União Africana (baseada nos moldes da União Europeia). Com quase a totalidade de sua população sendo constituída de negros, nos destacávamos ao dar uma simples caminhada pelas ruas. Pela primeira vez, eu sentia na pele algo parecido com o que deve passar uma mulher ocidental andando por Cabul, um homossexual na Arábia Saudita ou um negro em... Bem, em diversas cidades do mundo, infelizmente. Mas só pelo contraste. Em nenhum momento sofremos qualquer tipo de preconceito. Não nos sentimos acuados, malvistos ou fomos maltratados. Muito pelo contrário. Todos foram muito simpáticos, atenciosos e educados conosco. O povo etíope é alegre, de bem com a vida, bonito (várias *top models* mundiais são de lá) e adora se vestir bem. Você anda na rua e vê senhores e senhoras caminhando com uma postura orgulhosa, ostentando sempre roupas típicas muito representativas de sua cultura, extremamente coloridas, impecavelmente limpas e bem passadas. Pareciam todos imponentes monarcas africanos em seus trajes de gala. Excluindo-se algumas regiões tribais e a fronteira com a problemática Somália, a Etiópia era um país bem tranquilo de se visitar. E Adis-Abeba deixava isso evidente. Em menos de dois dias já nos sentíamos totalmente à vontade para circular a pé pelas imediações do hotel ou nos empoleirar em um dos muitos taxizinhos azuis (e caindo aos pedaços) para uma aventura por alguma área mais afastada. Havíamos nos preparado física e mentalmente para encarar provações climáticas. Porém, o conhecido e inclemente sol africano não fez jus a sua fama sanguinária. Pesca tinha até se matriculado na academia nos meses que antecederam a viagem. Reza a lenda que fez até flexão dentro da sauna para "ir se aclimatando". Para nossa surpresa, a temperatura se manteve amena durante todo o tempo que estivemos por lá. As ruas da capital eram calmas apesar de movimentadas, o acesso aos itens básicos de necessidade era fácil e até nos permitíamos alguns luxos ocasionais. Nossa tão aguardada primeira experiência na África estava se passando de forma pacata, segura e estável.

Ocorre que, por mais tranquila que parecesse para a gente, Adis não chegava a ser uma capital típica como se poderia imaginar. Por exemplo, quando fomos filmar na rua que abriga as principais embaixadas dessa cidade que é referência de desenvolvimento e civilização no continente, esbarramos com vacas e bodes muito mais do que com diplomatas. Outro detalhe é que as representações oficiais dos países onde estávamos batendo à porta para tentar visto não eram os tradicionais Estados Unidos, França ou Inglaterra. Mas lugares como Djibuti, Somália e Sudão. E, como era de esperar, as burocracias e trâmites legais nessas embaixadas eram obviamente um caso à parte. Posso dizer que, depois dessa experiência na África, a palavra burocracia ganhou um novo significado. O que era para ser uma tarde acabou tornando-se dois dias de papelada e idas e vindas de escritórios de obscuras nações africanas. Mas somos brasileiros e não desistimos nunca. Para o bem da verdade: estamos até acostumados. No final das contas, tudo se resolveu.

O GAROTO MAIS INTELIGENTE DA ETIÓPIA

Adis-Abeba pode ser considerada também a capital mundial da ajuda humanitária. Todos os aspectos da Etiópia colaboram para isso. A "má fama" da Etiópia atraía cidadãos voluntários de diversas partes do mundo, o que acarretava uma enorme profusão de ONGs no país. Como era nossa obrigação, e também por ser uma forma diferente e bastante eficaz de conhecer a realidade dos lugares que visitamos, fomos em busca de representantes e trabalhadores de diversas dessas organizações. Almoçamos com australianas que lutam contra a prostituição infantil, fomos recebidos por entidades da Holanda que procuram novas soluções tecnológicas para o problema da seca e pegamos carona com americanos dedicados a levantar fundos para campanhas de prevenção contra a Aids. Foi num desses interessantes encontros, em meio a fatos estarrecedores e dados alarmantes, que, totalmente por acaso, conhecemos nosso primeiro amigo africano, Musbah. Alto, magro e bem-arrumado como os etíopes em geral, Musbah era um jovem esperto, apesar de calado, e engraçado, apesar de tímido. Nos cumprimentava no estilo dos *rappers* americanos (aperto de mão estalado puxando para um rápido abraço) e sempre dava um jeito de encaixar uma piadinha entre suas explicações tão completas que pareciam saídas direto da Wikipedia. Com seu jeito moleque e sorriso fácil, logo se integrou à pequena equipe. Musbah ficou tão íntimo da gente que, brincando com ele, o apelidamos de "o garoto mais inteligente da Etiópia". Sempre que o chamávamos assim, ele abria um sorriso de canto de boca, dizia: "No, no...", mas no fundo dava para ver que ficava todo orgulhoso. O motivo do apelido era que ele havia acabado de completar o período escolar na capital, graças à ajuda de uma organização internacional de assistência à educação. A ONG em questão (que estávamos visitando e pediu que não tivesse seu nome mencionado, exigência curiosa que analiso mais adiante neste capítulo) atuava havia mais de uma década na Etiópia, retirando crianças de uma vida sem qualquer perspectiva de futuro em vilarejos pobres e afastados do centro e dando a elas alojamento decente, comida e acesso à educação de qualidade. Musbah era uma dessas crianças. Deixara sua vila e família (que visitava uma vez a cada dois meses) havia muitos anos e era hoje um dos maiores casos de sucesso da organização. Justificando seu novo apelido, "o garoto mais inteligente da Etiópia" tinha acabado de ganhar uma bolsa de estudos na Universidade de Nova York. Gostamos do moleque e parece que ele de nós, porque logo arrumou uma desculpa e convenceu seus tutores a passar os dias seguintes conosco a título de nos apresentar a verdadeiro país. A barreira da língua não seria problema, já que seu inglês, embora carregado daquele sotaque de cantor de reggae, era muito bom. (O idioma oficial da Etiópia é o amárico. Apesar de ambos terem a mesma origem, cuidado para não confundir com o aramaico, a língua morta falada no Oriente Médio nos tempos de Jesus Cristo.) Seria a primeira vez na vida que Musbah entraria em um avião. Justamente para deixar sua terra natal e ir morar em um país tão distante do seu. Em todos os aspectos. Ele estava muito ansioso e agitado, mas se ofereceu para nos mostrar um pouco da "sua" Adis enquanto não chegava o dia de partir.

CULTURA, CAFÉ E CAVEIRAS

O primeiro ponto na excursão de Musbah foi o Mercatto, um mercado popular de dimensões gigantescas. Um bairro em forma de camelódromo. Ou um camelódromo em forma de bairro. Era um emaranhado insano de pessoas, tendas, animais, lojinhas, barracas e comidas, quase sempre impossíveis de identificar, e que eram vendidas e consumidas ali na própria calçada. Também havia muitos pedintes e, é claro, alguns trombadinhas que, segundo nos alertaram, visavam principalmente aos estrangeiros. Por isso, era bom não dar pinta — o que era meio difícil para nós por motivos óbvios — e tomar certo cuidado. O que impressionava mesmo no Mercatto era o tamanho do lugar e a variedade dos produtos. Vimos gente vendendo desde burros até material de construção, passando por especiarias, roupas e muito café. Tudo naquele esquema bem informal e improvisado. Apesar da fama do café brasileiro, aprendemos ali nas ruas do mercadão com os comerciantes algo que muita gente desconhece: o café é originário da Etiópia. Nosso *gourmet* oficial e especialista no produto, Felipe UFO, provou e afirmou que o café de lá é realmente muito bom.

Passamos o resto de nossos dias em Adis na companhia de Musbah. Ele nos levou ao circuito tradicionalmente turístico da cidade, passando por igrejas, monumentos a Jah (ou imperador Selassiê) e prédios históricos. Pegávamos uma van superlotada, como fazia a galera local, e circulávamos a capital por horas e horas. Volta e meia uma parada para visitar um ponto de maior destaque. Como o Museu Nacional da Etiópia. Os jardins careciam de um trato, e o prédio, ainda obedecendo a uma bela arquitetura clássica, precisava de boa manutenção. O grande museu ficava localizado bem no centro de Adis e possuía um ar meio abandonado e humilde, não deixando transparecer a importância dos tesouros históricos que abrigava. Eram esculturas milenares e vários registros e resquícios da civilização etíope, seus reis e dinastias. No entanto, o que colocava aquele pequeno museu no circuito internacional da arqueologia era o fato de lá se encontrarem alguns dos mais importantes fósseis descobertos até hoje. Hominídeos, australopitecos, *Homo erectus* e por aí vai. Revivemos ali, em uma única tarde, muitos e muitos anos de aulas de ciências da escola. Mas o grande destaque mesmo é que nesse museu se encontra o mais famoso e talvez mais antigo fóssil do mundo. Lucy, segundo os especialistas acreditam, tem cerca de 3,2 milhões de anos! A ossada foi descoberta em 1974 sob as areias do deserto de Afar. A sala onde se encontra o fóssil do mais famoso hominídeo do planeta parece ter sido tratada com especial carinho pelos responsáveis do museu. Os restos mortais de Lucy ficam em um túmulo de vidro ao centro do salão, a iluminação é mais baixa, o clima mais soturno e o silêncio impera. Como não poderia deixar de ser, entramos no ambiente circunspectos e respeitosos da seriedade do recinto. Até que ouvimos uma voz cadavérica dizendo: *"Hello, I am Lucy! I am here!" (Oi, eu sou Lucy! Estou aqui!)* Achamos de mau gosto e inadequado. Mas, enfim, provavelmente era

TROCANDO IDEIA COM UM INSUSPEITO (E ENCACHAÇADO) "PROFETA" DE LALIBELA.

EU E BRUNO PESCA DANDO UMA VOLTA PELAS ANCESTRAIS IGREJAS DE LALIBELA.

uma tentativa de interatividade estranha que agradava aos locais. A voz insistia: *"Come to me. I like you! I love you! I am your wife, Leo!"* (Venha aqui. Gosto de você! Eu te amo! Sou sua mulher, Leo!) Leo??? A vozinha cadavérica não era efeito especial do museu, mas apenas UFO que surgiu às gargalhadas detrás de uma porta orgulhoso de sua gracinha inapropriada. Era hora de encerrar o passeio.

Musbah foi o anfitrião perfeito. E Adis-Abeba, o ponto de partida ideal para entendermos um pouco da Etiópia. História, cultura, clima, geografia... fomos apresentados a um intensivão de África em alguns poucos dias. O passo seguinte soava mais desafiador: deixar a relativa tranquilidade de uma das mais proeminentes capitais africanas e ir de encontro às regiões mais complicadas e representativas daquele mesmo país.

A cidade de Lalibela fica a uma hora de voo (em um Focker 50 da Ethiopian Airlines) da capital Adis-Abeba. A sensação é de deixar a "cidade grande" e chegar à África de verdade. Bem mais próxima da realidade média do país, que tem 80% de sua população morando no campo e um nível econômico muito abaixo do que vimos na capital (e que já não era grande coisa), Lalibela se destaca por ser Patrimônio da Humanidade. A cidade abriga mais de uma dezena de igrejas cristãs ortodoxas seculares em um espaço menor do que o bairro onde eu moro. A principal delas, a de São Jorge, está pleiteando o posto de oitava maravilha do mundo. Não vou me surpreender se conseguir conquistá-lo. Mas, se a eleição for pela internet, vai ficar difícil: só se acha conexão discada por aqui. E instalada em umas cabanas improvisadas. O Comando Nerdice (eu e

Leondre), após criteriosa e sofrida avaliação, elegeu-a como a mais lerda que encontramos até hoje no mundo.

O motivo da enorme quantidade de igrejas espalhadas pela região é que Lalibela decidiu criar uma alternativa a Jerusalém para os cristãos no século XII. Como Jerusalém estava dominada pelos árabes, os católicos ficaram impedidos de cumprir a sua tradicional peregrinação até lá. Os cristãos da Europa ainda tinham a opção de Roma, o resto ficou na mão. Assim, os etíopes resolveram erguer a sua própria cidade sagrada. Porém, o que diferencia Lalibela de uma cidade sagrada qualquer é a forma com que foram construídas as suas igrejas.

As igrejas monolíticas, como eles as chamam, são escavadas no solo, formando imensos blocos únicos de uma pedra escura, argilosa e fria. Tente visualizar um grande buraco no chão, algo em torno de 40 metros quadrados com uns 20 de profundidade. E, no centro desse buracão, um quadrado de pedra que parece ter brotado ali, no meio da terra. Nesse quadrado são escavados grandes portões, janelas, nave central, púlpito, cruzes e decorações diversas. Tudo talhado no gigantesco bloco de pedra. Deve ter dado um trabalho e tanto. Ainda mais se lembrarmos que são mais de dez dessas engenhosas obras de arte. Como soubemos por nossas pesquisas, a mais famosa delas era a de São Jorge, que foi toda esculpida em forma de cruz e fica localizada no topo do morro mais alto da cidade. Um visual inesquecível.

Fizemos todo o circuito das 13 igrejas em um único e cansativo dia de *trekking*. Passamos o dia inteiro andando por morros, trilhas e ladeiras em uma altitude de mais de 2.500 metros. Para quem quiser fazer uma comparação, basta lembrar do sufoco que os jogadores da seleção, atletas altamente preparados, passaram ao jogar em Quito, exatamente com os mesmos 2.500 metrinhos acima do nível do mar. É jogador vomitando e ofegando para lá e para cá, e o Galvão criticando: "É culpa da altitude! Como é que a Fifa não proíbe isso, Arnaldo?" Imagina, então, o que isso foi para nós, sedentários "levantadores de garfo" e praticantes de "alterocopismo". Como não bastasse, aquelas moscas características que vemos em imagens de arquivo na TV pousando no rosto de pobres meninos etíopes definhando de fome, teimaram em aparecer. Felizmente, apesar da pobreza da cidade, não vimos nenhum menininho passando fome. Já as moscas estavam lá, pousando o tempo todo na nossa boca, olho e orelha sem a menor cerimônia. Mas tudo foi recompensado quando entramos em uma dessas igrejas de mais de novecentos anos no exato momento em que estava acontecendo uma sessão de exorcismo!

O EXORCISTA

Cada uma dessas igrejas está sob os cuidados de um ou mais sacristãos. Pequenos e franzinos anciãos africanos que parecem saídos de um filme com suas roupinhas surradas, eles passam o dia tomando conta das igrejas, fechando-as apenas no horário do almoço. O interior delas, como é de esperar, era extremamente úmido e escuro. Então, esses sacristãos improvisam umas poucas lâmpadas, que mal dão conta de iluminar o local. Dentro do ambiente há aquela leve penumbra e um cheiro de mofo de séculos passados que propiciam um clima tétrico.

Como quem está na chuva é para se molhar, não nos fizemos de rogados e, uma vez ali, entramos em cada uma das 13 igrejas. Quando chegou a vez de conhecermos a última delas, já era bem tarde. E, consequentemente, já estava bem mais escuro. Mal dava para ver alguma coisa lá dentro. Conseguimos apenas distinguir uma estranha movimentação e uns gemidos baixinhos e ritmados vindos lá do fundo. Parecia uma reza sofrida e incessante. Sem querer incomodar, nos aproximamos do sacerdote responsável, que vinha acompanhando tudo de longe, e perguntamos o que estava acontecendo. Ele disse apenas uma palavra: "Exorcismo." A expressão de medo surgiu tão rápido em meu rosto quanto a jovem africana, que apareceu toda enrolada em panos sujos, vindo afoita lá de trás. Olhos esbugalhados, gritando e gesticulando muito, dava a entender que estava muito incomodada com a nossa presença. Quando ameaçou atirar uma garrafa na nossa direção, já tínhamos batido em retirada. Nos explicaram depois que esses exorcismos são, de certa forma, comuns por ali. Moças como essa que vimos são noviças. Jovens aspirantes a freiras passando por um ritual de preparo religioso. A lenda diz que o demônio, incomodado com mais uma humana disposta a se alistar nas forças divinas, tenta realizar a possessão de modo a trazê-las para o seu lado. É nesse momento que se faz necessário o exorcismo.

A explicação sinistra só fez o meu medo crescer. Tentei apressar meus colegas para que saíssemos dali o quanto antes, e eles pareciam calmos demais para o meu gosto. Perguntei a Leondre se ele não se impressionava com essa questão de espíritos, possessões demoníacas... Ele se virou para mim com um risinho debochado e disse: "Fran, isso é tudo besteira!" Foi só ele terminar de pronunciar a frase que ouvimos um estrondo surdo como o de um tambor gigante ecoando por todo o interior daquela caverna escura. Foi a deixa para transformarmos a caminhada em corrida e sair dali rapidinho.

ON THE ROAD NA ÁFRICA

Continuando nossa peregrinação pelos confins da Etiópia, nossa próxima missão era encarar uma viagem de uns 400 quilômetros e doze horas pelas infames estradas etíopes. A relação espaço/tempo pode ter parecido estranha para quem está visualizando as *freeways* dos EUA, uma *Autobahn* alemã ou até as nossas rodovias no Brasil. Mas todos nos alertavam que a tal "estrada" era ruim em um nível realmente preocupante. Para chegar a Axum, partindo de Lalibela, é necessário percorrer uma serra com altitudes acima dos 2 mil metros. Mas não há como compará-las com as serras do nosso país. Na Etiópia, a impressão que se tem é que você vai circundando a encosta de uma montanha até o topo só que ao chegar lá no alto se depara com outra em cima dessa montanha. E assim sucessivamente! É impossível destacar uma da outra porque elas se sobrepõem em um amontoado de cadeias a perder de vista. Quando você atinge um dos pontos mais altos e olha para baixo, o visual é impressionante: uma sucessão de cânions sem fim. Cientistas afirmam que as placas tectônicas nessa região do globo estão se dividindo e, futuramente, ali nascerá um novo mar. Essa parte da Etiópia parece mesmo outro planeta. Laranja, árido e recortado em um relevo incomparável. Sem dúvida foi a pior e a melhor viagem de carro que já fiz na vida. A pior porque essas mais de doze horas foram cumpridas quicando nos buracos da empoeirada "estrada". Sim, entre aspas, porque não há asfalto, mureta de proteção ou placas de sinalização. Só buracos. Seria mais apropriado chamá-la de "esburacada" do que "estrada". E a melhor porque o visual variava entre intermináveis e assustadores desfiladeiros sem-fim e algumas cenas que faziam com que a janela de nossa van parecesse uma tela de cinema. Vimos por exemplo um engarrafamento de camelos, um tanque italiano da Segunda Guerra Mundial abandonado e diversos vilarejos africanos com seus habitantes peculiares.

SEKOTA, A CAPITAL DA FOME

Ainda a caminho de Axum, passamos pela pequena cidade de Sekota, que foi o cenário principal das terríveis imagens de seca e fome que não paravam de pipocar nas telas de TV em meados dos anos 1980. Ironicamente, foi ali também o *pit-stop* escolhido por nos-

OBSERVANDO A IMPRESSIONANTE IGREJA DE SÃO JORGE, ESCULPIDA EM FORMA DE CRUZ EM UM ÚNICO BLOCO DE PEDRA.

DÁ PARA PERCEBER COMO ME MISTUREI BEM COM OS LOCAIS DA CIDADE DE LALIBELA. ESTOU QUASE CAMUFLADO NA FOTO.

so motorista para o almoço. Não chegamos a ver sinais de fome extrema como nos arquivos de 25 anos atrás. Mas a mendicância e a quantidade de crianças nas ruas (impressiona a quantidade de crianças muito novinhas pelas ruas da Etiópia quando você deixa a capital) não permitiram que nosso almoço (pão com ovo e tomate) fosse dos mais agradáveis. Nessa área notamos também uma presença bem forte de ONGs e carros da ONU. Impressiona a quantidade dessas organizações não governamentais atuando na Etiópia.

A situação precária do terreno para cultivo, a má utilização do solo ao longo dos anos e os ciclos de seca, somados a altas taxas de natalidade, formaram um coquetel fatal para a região. Ainda há lugares na Etiópia sofrendo com epidemias de fome. Muitos acreditam que o papel daquelas organizações pareça meio panfletário/assistencialista e questionável. O problema com as ONGs aqui, muitos afirmam, faz muitas delas serem avessas a câmeras ou publicidade, e, como todas estão sendo bancadas por capital estrangeiro, acabam competindo em desigualdade com a iniciativa local. Isso acarreta um ciclo tão vicioso quanto injusto. Oportunismo é a palavra mais usada pelos detratores da chuva de ONGs em solo etíope. Uma questão que faz lembrar o Brasil, que tem na Amazônia, rica em recursos naturais, ONGs dispostas a proteger os cerca de 250 mil índios que habitam uma região do tamanho da Europa, enquanto no árido sertão nordestino milhões de brasileiros padecem sem nenhuma organização que abrace sua causa.

Ouvimos críticas que questionam se realmente há interesse por parte dessas organizações de que não haja mais imagens de crianças africanas definhando na seca, pois são essas mesmas tristes imagens que justificam a sua existência e sustento. Complicado, mas, como bem observou meu companheiro de viagem Bruno Pesca: "Quando você vê a condição em que vivem as crianças que nos cercavam nas ruas pedindo comida, qualquer tipo de ajuda é uma reação humana natural e traz um alívio importante para quem está passando necessidade."

LIBERDADE NÃO SE COMPRA

Se a estrada de Lalibela até Sekota era a pior e melhor que eu já havia encarado na vida, a de hoje conseguiu rapidamente bater esse recorde. Mas só no quesito "ruindade". OK, o visual continuava arrebatador. Mas a qualidade dessa nova seção da "estrada" era muito, mas muito, pior. Foram cerca de dez horas brincando de touro mecânico dentro de uma van abarrotada de equipamentos e marmanjos suados e enjoados. Para amenizar o calor, era necessário que as janelas permanecessem ligeiramente abertas o tempo todo. A poeira da estrada de terra batida invadia o veículo por todos os lados. Com apenas meia hora de viagem, nosso cabelo, roupa e mochilas já pareciam relíquias arqueológicas. Mas tudo isso valia a pena porque estávamos indo em busca de uma das paradas mais importantes de todo o trajeto. Ignorando recomendações de ONGs e dos locais, fomos sem autorização nenhuma em direção a um dos maiores campos de refugiados eritreus na Etiópia.

Chegando lá, foi impressionante constatar que mais de 20 mil pessoas prefiram viver nas condições com que nos deparamos a ter que suportar a terrível realidade de sua terra natal. E em um país "inimigo", uma vez que a disputa na fronteira entre os dois países é ferrenha! Nosso motorista, Adriano Imperador (apelidado por sua semelhança com o jogador de futebol brasileiro), tinha conhecidos na área e garantiu que conseguiríamos entrar no campo sem maiores problemas. "Está tranquilo! Deixa comigo!", foi o que conseguimos traduzir de seu gestual. De fato, íamos passando por barreiras protegidas por rifles e nos embrenhando cada vez mais no interior do gigantesco campo. Barracas improvisadas com lona ou madeira em uma sequência interminável preenchiam ambos os lados da estreita estradinha de barro. Quando aparecia uma construção de tijolo, se destacava como algo luxuoso. O Imperador

PESCA OBSERVA A GRANDE ESTELA DERRUBADA NO SOLO DE AXUM DESDE O SÉCULO IV.

UFO FAZ AMIZADES COM OS LOCAIS DURANTE UMA PARADA A CAMINHO DE LALIBELA.

nos guiou por mais alguns quilômetros entre curvas e desvios daquele labirinto de barracos e chegamos, então, ao bar do único morador do local que falava inglês. O chão do estabelecimento era de barro e o teto, coberto por uma lona improvisada de alguma tenda do ACNUR (Alto-Comissariado das Nações Unidas para Refugiados). As únicas opções no cardápio eram Coca-Cola ou cerveja. Contrastando com a pobreza do bar, só mesmo a riqueza dos relatos do empreendedor local e de sua família. A esposa e suas duas filhas o ajudam no empreendimento mais do que informal que conseguiram montar dentro do campo para garantir o sustento e a sobrevivência. Um cotidiano de provação e trabalho duro que tornava o sorriso permanente no rosto dos quatro por vezes incompreensível. *"Liberdade não se compra!"* foi a frase simples e, ao mesmo tempo, carregada de significado que nosso entrevistado nos deixou como mensagem final, e que parecia resumir e traduzir perfeitamente o sentimento de todos os seus milhares de vizinhos.

AXUM

Após quilômetros e quilômetros de curvas, buracos e muita poeira, chegamos ao nosso destino final: Axum! E não havia muito tempo para relaxar na piscina do hotel, curtir o *lounge* ou a sala de internet. Na verdade, nosso simplório duas estrelas nem tinha nada disso. Largamos as malas empoeiradas no quarto e fomos para a rua descobrir o que a cidade tinha a oferecer naquele calorento dia de verão. Sede, suor e mais sede. E nós quatro caminhando pelas ruas e morros de Axum, a cidade mais sagrada da Etiópia e antiga sede do "Reino de Axum", considerado um dos mais poderosos entre o Império Romano e a Pérsia por volta do século I. Axum até hoje é local de peregrinações de fiéis da igreja ortodoxa etíope e cristãos de todo o mundo. Em nossas caminhadas pela cidade, volta e meia esbarrávamos com grupos de excursão formados em sua maioria por velhinhos e velhinhas italianos ou portugueses. Uma mudança radical no tipo de companheiros de viagem que costumamos encontrar por nossos destinos.

Conhecemos também as principais atrações turísticas do lugar, como os obeliscos históricos (reinstalados recentemente após terem sido roubados pela Itália durante a Segunda Guerra Mundial) e os túmulos da realeza etíope cujo cheiro não negava seus vários séculos de idade. Isso tudo em um dia e a pé. Atravessamos morros e mais morros sem qualquer sinal de placas ou trilhas evidentes (o que nos fez errar o caminho, refazer trajetos e andar em círculos por algumas horas). Ao todo, foram mais de quatro horas de caminhada sem dinheiro para água, o que não fez muita falta já que não havia nenhum lugar onde pudéssemos comprá-la, de qualquer jeito. Dizem que, após algumas horas de esforço repetitivo em intensidade e carga alta, o corpo humano passa a secretar uma substância que traz uma sensação de bem-estar e calma. Um estado de espírito zen que às vezes pode gerar até delírios. Como um alucinógeno naturalmente produzido pelo corpo em estado alarmante de fadiga.

Lembro que, quando ainda estava no colégio, acompanhei em algumas oportunidades um amigo que treinava para correr maratonas. Ele fazia o trajeto do Pontão do Leblon ao Leme (17 quilômetros), ida e volta. E diversas vezes! Obviamente, eu ia ao seu lado de bicicleta porque não sou maluco. Minha função era levar bebidas isotônicas para ele ir se hidratando e providenciar um bate-papo amistoso que tinha como objetivo distraí-lo da infindável quilometragem a ser percorrida. Ele me contava que, em diversas vezes durante os treinos, sentia claramente o momento em que a chamada endorfina era liberada em seu corpo. Dizia ele que ficava meio aéreo e que se embaralhava na contagem da distância percorrida com facilidade. Às vezes, acreditava já estar chegando ao Leblon quando na realidade estava em Copacabana. Ou achava que já estava chegando perto de casa quando estava indo na direção contrária. Via dragões voadores vagando com anões nus em seus dorsos. Mentira, não chegava a tanto. "Era como estar doidão!", ele resumia. Pois bem, se é que esta substância é mesmo liberada após esforço demasiado, e que provoca sensações semelhantes à ingestão de algum psicotrópico, acredito que eu, UFO e Leo tivemos em Axum uma overdose de endorfina! Pesca sabiamente preferiu a cama do hotel a nos acompanhar na "leve caminhadinha para fazer a digestão" que a gente imaginava estar prestes a realizar. O esforço hercúleo desempenhado por um jogador de pelada aposentado com hérnias lombares (eu), um surfista sedentário (Leondre) e um fisiculturista amador em fim de carreira (UFO) foi tamanho que nossas glândulas devem ter secretado uma quantidade de endorfina correspondente a uma overdose. Durante toda a caminhada/escalada, experimentei apenas as sensações típicas do abuso de aditivos: medo, desconforto, dor, ansiedade e paranoia.

Um pouco mais preparado para a ocasião, e sempre empolgado, UFO se fazia, às vezes, de guia e *personal trainer*. Se empenhava para nos estimular e incentivar a cada trecho completado: "Todo mundo quer ir para o céu, mas ninguém quer morrer! Vamos, time de guerreiros! Raça!" Em determinados momentos, nos encontrávamos em tal estado de extenuação que não era possível conjeturar palavras ou pensamentos coerentes. Apenas balbuciávamos reclamações e resmungos ocasionais. Ao chegar ao topo do que parecia ser mais uma interminável subida, Leondre atestou, aliviado: "Tô morto, mas tô vivo!"

Só não dá para reclamar da vista e dos elementos históricas no trajeto que eram realmente marcantes. Se valia o esforço despendido? Há controvérsias. Mas uma coisa que já coloquei na cabeça e encaro como palavra de ordem em todos os momentos dessas viagens com o *Não conta lá em casa* é que não posso perder nenhuma oportunidade de ver, conhecer ou vivenciar algo que, dificilmente, terei outra chance de fazer. Uma coisa é você desistir de uma noitada na Espanha, conhecer um

MUNIDOS DE NOSSOS TRADICIONAIS CAJADOS, VISITANDO UMA IGREJA PRÓXIMA À DA ARCA DA ALIANÇA, EM AXUM.

belíssimo vinhedo francês ou visitar uma *villa* italiana. Momentos especiais, mas que são possíveis de serem repetidos. Outra coisa é você abrir mão de fazer *trekking* pelos morros acidentados de uma cidade bíblica perdida no meio da Etiópia. Mais uma missão que risquei da listinha!

OS DEZ MANDAMENTOS

A última e mais importante parada nesse extenuante percurso em Axum era tentar conhecer a igreja mais antiga do país, a de Nossa Senhora Maria de Zion. Além de ter um belo nome para uma igreja, nela estaria supostamente enterrada a Arca da Aliança, a grande caixa que contém as tábuas sagradas onde foram inscritos os Dez Mandamentos pelo próprio Deus Todo-Poderoso, posteriormente entregues ao profeta Moisés. Pouca coisa.

Obviamente, já imaginávamos que seria difícil ter qualquer tipo de acesso aos mandamentos ou à Arca. Só não sabíamos quão difícil seria. Fala-se que houve um encontro alguns anos atrás entre o representante máximo da igreja cristã etíope e o papa. O objetivo da sacrossanta reunião consistia em decidir se era chegada a hora de revelar o conteúdo da Arca e as consequências que tal decisão traria para a Igreja Católica e o mundo. Deve ter sido um encontro tenso, caso realmente tenha ocorrido. E considerando que a arca e os tais mandamentos realmente existam, não é? Mas, depois de caminhar por horas debaixo do inclemente sol africano, resolvemos encarnar São Tomé e ir ver para crer.

Guias e seguranças armados nos informaram logo no portão de entrada que era impossível ingressar na igreja. Ou mesmo chegar perto dela, que era cercada por muros, grades e guardas armados. Somente um monge era autorizado a permanecer lá dentro. E lá ele ficava durante as 24 horas do dia, fazendo a segurança do lendário objeto sagrado. Era como aquele espírito guardião da arca perdida nos filmes de Indiana Jones. Falamos que tínhamos vindo de longe só para isso. Perguntamos se dava para "dar um jeitinho", "quebrar o galho". Se podíamos ver a Arca, tocar na Arca, filmar a Arca de longe... nada feito. Como prêmio de consolação, conseguimos registrar imagens do tal monge guardião, que provavelmente foi atraído para o lado de fora dos portões pelo barulho de nossos apelos. E só. Não seríamos eu, Leondre e UFO a revelar um dos mais antigos segredos da humanidade.

Para deixar a Etiópia, teríamos que mais uma vez passar por Adis-Abeba. Dessa vez, em um voo rápido de Axum para a capital e de lá para casa. Parecia bem simples. A primeira surpresa veio quando soubemos que nossas reservas no voo da Ethiopian Airlines haviam caído. Não teríamos como voltar na data marcada. Axum tinha se revelado bem interessante e tranquila em nosso tour africano, porém ter que ficar por lá mais um dia que fosse definitivamente não estava nos planos. Determinados, negociamos com todos os profissionais da companhia aérea que se encontravam na cidade (OK, não passavam de dois). Não havia saída, o único jeito de chegarmos a Adis na data de nossa conexão seria pegando os últimos quatro assentos disponíveis em um voo com tarifa bem mais cara que partiria em apenas alguns minutos. Não titubeamos. E foi assim que, pela primeira vez em minha vida, viajei de primeira classe.

Tudo bem que foi em um voo que durou no máximo quarenta minutos. E em uma companhia aérea que não figura entre as melhores do mundo. Mas o serviço e toda a *mise-en-scène* que acompanham esse tipo de regalia não eram ruins, não. Pelo contrário. A poltrona era espaçosa, as aeromoças muito agradáveis e a refeição de bordo era... pitoresca. Em determinado momento nos foi servido um bolo de fubá em um guardanapo de pano. Para ser degustado com um suco de goiaba servido direto da jarra. Nada de talheres. Estava tudo bem gostoso, por sinal. Mas, para quem sempre viu filmes e sonhou com assentos deitando 180 graus, pratos gourmet servidos em baixelas de prata e taças de champanhe chegando mais depressa do que minha capacidade de bebê-las, aquilo não era bem o que eu esperava. Se não era exatamente uma lição antropológica, uma missão humanitária ou um desafio aterrorizante, a viagem valeria pelo menos como mais uma história especial para contar aos netos. Entre tantas outras que fazem deste projeto algo tão único e especial.

የኢትዮጵያ አየር መንገድ
ETHIOPIAN
AIRLINES
GOING TO GREAT LENGTHS TO PLEASE
Greetings from
SOUTHERN
CALIFORNIA

DJIBUTI

← LEONDRE, SEM SABER AINDA O QUE ESPERAR DE NOSSO VOO NA 1ª CLASSE
DA ETHIOPIAN AIRLINES.

REPÚBLICA DO DJIBUTI

Governo   República semipresidencialista
Capital   Cidade de Djibuti
Idioma   Árabe e francês
Moeda   Franco djibutiano (DJS)
População   506.221
IDH   147º lugar
Internet   Lan houses a preços módicos e com velocidade razoável

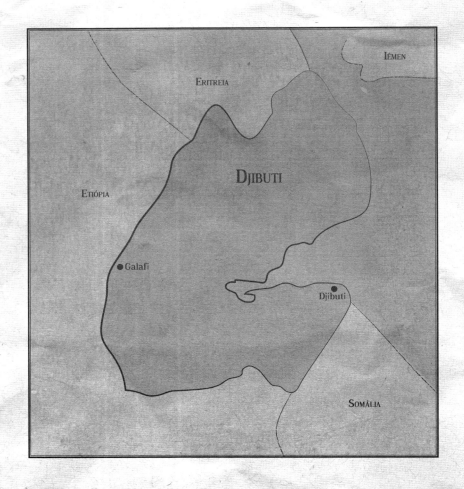

DJIBUTI, A DUBAI DA ÁFRICA

Ignore o título deste capítulo! Ele é uma mentira deslavada. Uma mentira que nos enganou direitinho. Foi com esse *slogan* que algum site de turismo descreveu o menor país da África, por onde íamos passar dois dias ao deixar a Etiópia partindo em direção à Somália. Djibuti é um país pequenininho ali no Chifre africano e faz fronteira com a Eritreia, a Etiópia e a temida Somália. Antes de partir, ainda durante nossa fase de pesquisas, li muita coisa falando em "vida noturna", "influência francesa", "praias paradisíacas"... Entre as atrações turísticas do país, falava-se em grandes desertos com paisagens de outro planeta (onde foi filmada a versão original do longa-metragem *Planeta dos Macacos*) e até em mergulhos no mar Vermelho com afáveis tubarões-baleia! Tudo isso vindo de fontes bem confiáveis, como o nosso melhor amigo na estrada, o livro-guia *Lonely Planet*. Quem sabe não haveria mesmo um descanso em meio a tanta provação? Até o cético UFO, que já havia alertado que achava bem improvável encontrarmos por lá animados grupos de turistas ocidentais bebendo *may-thais* em *resorts* à beira-mar, já brincava com a possibilidade de um cenário mais animador: "Quem sabe não rola uma piscininha?"

Pois bem, assim que desembarquei na capital de Djibuti, que também se chama Djibuti, comecei a sentir saudades da Etiópia. O país é bem mais pobre, mais sujo, menos organizado, com bem menos infraestrutura, e os locais não são tão amistosos como os que conhecemos em Adis. Achar um lugar seguro e relativamente tranquilo para guardar as malas e dormir foi tarefa árdua. Achar um lugar limpo e decente para comer alguma coisa foi uma missão quase impossível. E encontrar internet Wi-Fi eu diria que foi um milagre! As tais praias eram verdadeiros depósitos de lixo a céu aberto. Pequenos trechos de areia preta e água suja frequentados por locais mal-encarados que, ou se mostravam genuinamente surpresos com a presença de turistas por ali, ou faziam questão de deixar claro que não éramos bem-vindos (sabe-se lá por que razão). O pequeno Djibuti, infelizmente, não parecia nem de longe uma versão africana da moderna e asséptica cidade dos Emirados Árabes. Muito pelo contrário, parecia a sua antítese.

O verdadeiro propósito de nossa estadia nesse minipaís africano era começar a jornada com destino à Somália. Navios caça-pirata, militares, rebeldes somalis e guias aventureiros e suas caminhonetes dos anos 1980 foram o foco de nossas lentes, rendendo bem mais do que podíamos esperar num primeiro momento. Fizemos nosso trabalho e estávamos mais do que prontos para, por falta de um termo melhor: dar o fora! Só que, pela primeira vez desde que começamos o *Não conta lá em casa*, não acompanhei meus colegas em uma missão. Mas, antes de entrar nos detalhes sórdidos dessa dramática passagem, uma apresentação sobre o país mais perigoso do mundo e nossos planos para entrar ali. Próxima parada: Somália (pelo menos para Leo, Pesca e UFO).

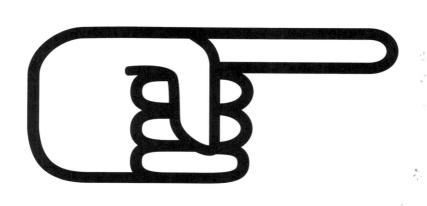

PRÓXIMA PARADA: SOMÁLIA

(pelo menos para Leo, Pesca e UFO)

← INSCRIÇÕES MILENARES NAS PAREDES DAS CAVERNAS DE LAAS GAAL, EM SOMALILAND.

REPÚBLICA DA SOMÁLIA

Governo	Em guerra civil desde 1991. Situação ainda confusa. País dividido por diversos senhores da guerra. Quatro estados autônomos foram criados. Destes, apenas a Somalilândia se declarou independente.
Capital	Mogadíscio
Idioma	Somali e árabe
Moeda	Xelim somali (SOS)
População	8.228.000
IDH	161º lugar
Internet	Presentemente inativa

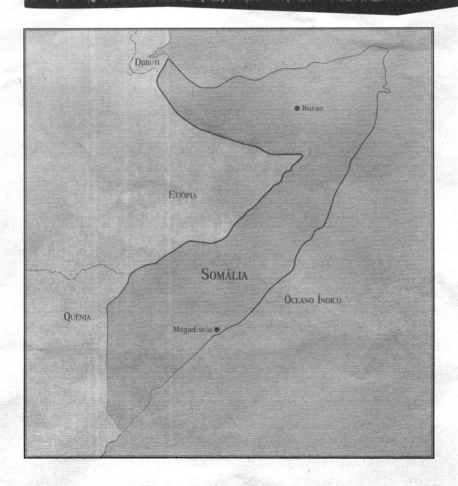

FALCÃO NEGRO EM PERIGO

A Somália é provavelmente o destino mais perigoso do mundo e, exatamente por este motivo, a parada que mais nos deixava apreensivos em nossa primeira incursão africana com o *Não conta lá em casa*. Ainda no Brasil, a gente já pesquisava há algum tempo a situação do lugar e tentava estabelecer contatos que nos permitissem descobrir a viabilidade real de chegarmos lá (de preferência com vida!). Era comum durante todas essas viagens alguém comentar: "Isso aqui está muito *Falcão negro em perigo*!" A expressão era usada em situações mais tensas ou locais que parecessem especialmente inóspitos. Um misto de piada interna de humor negro e código de alerta para a equipe (nós quatro). A expressão é uma alusão ao filme que narra a história real de um helicóptero do exército americano que é abatido em Mogadíscio, capital da Somália. Ou seja: assim como Bagdá na primeira temporada, a Somália era um daqueles lugares que, por medo, ansiedade e curiosidade estava o tempo todo em nossa cabeça durante a produção da segunda temporada do programa. Porém, quando chegamos à África, nossa ida à desafiadora Somália tornou-se quase uma obsessão. Sabíamos que o país estava em guerra civil há mais de 20 anos, que milícias se digladiavam nas ruas e que este era provavelmente o único país que visitaríamos onde o sequestro de estrangeiros era mais popular que o Ronaldinho Gaúcho. Ficamos sabendo também que homem branco naquelas bandas era praticamente considerado como mulher. E, muitas vezes, acabava estuprado sem cerimônia. Que beleza! É claro que podia haver certo exagero e distorção nas informações que nos eram passadas. Mas era óbvio que, independentemente de quais fossem esses motivos, eles eram baseados em algo real. E era justamente esse "algo real" que nos deixava bastante apreensivos. Para usar um termo bem leve.

ENCALHADOS NO DESERTO, RELAXANDO COM A PRESENÇA DA ONU E DANDO UM MERGULHO COM SEGURANÇA PARTICULAR: CENAS COTIDIANAS DE SOMALILÂNDIA.

Graças a essa fixação quase sadomasoquista, ainda na Etiópia começamos as movimentações para conseguir entrar em território somali. O lugar, que estava há algum tempo abandonado nas mãos de uma espécie de anarquia selvagem, se encontra hoje dividido em cinco regiões autônomas, sendo as três principais: a Somália, propriamente dita, cujos embaixadores do próprio país desaconselham visitar, porque é impossível até mesmo sair do aeroporto em segurança; Puntlândia, região costeira que fica bem na ponta do Chifre da África e onde piratas são mais comuns do que surfistas; e Somalilândia, uma região autônoma que busca a sobrevivência, a ordem e o reconhecimento da comunidade internacional por seu feito improvável e admirável de ter conquistado a paz em meio a esse cenário caótico.

Apesar do desejo de Pesca de surfar na costa coalhada de piratas de Puntlândia (parece que há mesmo boas ondas por lá), percebemos que nossa única chance de entrar na Somália seria por Somalilândia. E focamos isso. Até porque, muito mais interessante que conferir os perigos de uma região inviável e aparentemente sem solução seria apresentar sua vizinha ansiosa por mostrar ao mundo que, com empenho, perseverança e patriotismo, é possível superar os maiores desafios. Antes mesmo de seguir para lá, nosso planejamento já apontava para uma viagem inesquecível. Conseguimos o impensável: encontramos uma espécie de embaixada da Somalilândia em Adis-Abeba. Falamos com importantes autoridades e até entrevistamos o ministro das Relações Exteriores da região. E o negócio só prometia melhorar à medida que avançávamos em nossos preparativos. Promessas de entrevistas com piratas, garantia de soldados fazendo a nossa segurança, excursão pelo escritório local da ONU, visita a cavernas com hieróglifos de dez mil anos... A gente estava cada vez mais empolgado.

Foi quando, em pleno Djibuti, prestes a encarar a viagem de doze horas pelo deserto que nos levaria a um dos mais aguardados destinos da história do *Não conta lá em casa*, fui acometido pela maior infecção

VIAJANDO PELO DESERTO:
TRÂNSITO DE CAMELOS.

alimentar da minha vida. Seguindo conselhos gerais, só bebi água engarrafada e, apesar do calor, não aceitei gelo em meu refrigerante durante todo o tempo no Djibuti. Mesmo assim, fui acometido por uma violenta disenteria que me deixou mais extenuado que um corredor etíope ao fim da maratona. Pouparei os leitores de estômago fraco dos detalhes, mas basta dizer que tive de pegar o primeiro voo de volta para o Brasil. Até hoje agradeço aos céus pela tripulação não ter desconfiado do passageiro de olhar aflito e suando frio que se trancou no banheiro por mais de duas horas. Pior do que o mal-estar estomacal teria sido ser confundido com um terrorista, obrigando a aeronave a retornar ao seu ponto de partida por razões de segurança. Só consegui ver a Somália, ou Somalilândia, na televisão. Um misto de orgulho e inveja invadiu meu ser ao contemplar, do conforto do meu lar, meus três inseparáveis companheiros de viagem cumprindo à risca a tresloucada missão de contar a história desse país que não era país.

NOBODY
SAID IT
WAS GONNA
BE EASY

PESCA FURANDO MEU OLHO (LITERALMENTE) DURANTE TREINAMENTO NA ITÁLIA.

REPÚBLICA ITALIANA

Governo	República parlamentarista
Capital	Roma
Idioma	Italiano
Moeda	Euro (EUR)
População	60.303.800
IDH	23º lugar
Internet	Wi-Fi rápida e de fácil acesso

DIVENTA UN BERSAGLIO DIFFICILE!

Uma das principais vantagens de quem passa grande parte do tempo entre aeroportos, aviões, *lounges* e salas de embarque são os programas de milhagem de companhias aéreas. As tediosas e desconfortáveis horas em assentos apertados, a comida insossa e a falta de sono são recompensadas com benefícios que vão desde passagens gratuitas até poder furar a fila do *check-in*. As milhas acumuladas eram muitas desde que começamos o projeto do *Não conta lá em casa*. Felizmente, a despeito de males, elas vinham acompanhadas também de bônus. Só que, na minha opinião, nenhuma dessas vantagens é tão agradável quanto a "bagagem prioritária". Em qualquer viagem o objetivo é chegar. Pagamos caro por ele, mas o voo é apenas o meio e não a atração principal. O que queremos na verdade é um modo rápido, seguro e o menos incômodo possível de chegar a algum lugar. Se o destino vale a pena, você pode aturar até uma viagem longa e cansativa espremido entre dois obesos mórbidos e embalado pelo choro contínuo de um recém-nascido. A recompensa está sempre na chegada. O destino final representa o término do sofrimento, o momento de descanso, a excitante exploração de uma terra nova, o reencontro com alguém distante... Nada mais desagradável do que ter o prazer da sua chegada interrompido por uma espera interminável pela bagagem. Por isso, quando a moça do *check-in* coloca aquele adesivinho de "bagagem prioritária", eu já sinto o alívio por antecipação. Aquele adesivinho significa que, entre tantas outras, a minha mala será escolhida para aparecer na esteira do aeroporto em primeiro lugar. Enquanto os outros passageiros estão tensos, rogando para que sua mala saia o quanto antes ou se posicionando com seus carrinhos de maneira estratégica para pegar seus pertences e deixar o aeroporto o mais rápido possível, você fica lá, confiante e tranquilo. Certo do final feliz que sempre acontece. Ou quase sempre.

Estava eu, sozinho, no aeroporto do destino mais fino entre todos aos quais o *Não conta lá em casa* já tinha me levado: o aeroporto de Malpensa, em Milão. Capital mundial da moda e da alta-costura, Milão entrou em nosso roteiro por um motivo nada chique: íamos fazer um curso de sobrevivência na pequena cidade de Ravena a duas horas dali. Tinha chegado depois de meus amigos ao Velho Continente e os encontraria apenas no dia seguinte, para começarmos o curso. Seria uma semana de simulações de tiros, facadas, bombas e atentados terroristas. Mas por ora eu estava em Milão. A garantia de minha bagagem estar em minhas mãos em alguns instantes dava a certeza de poder ao menos fazer um rápido tour pela cidade antes de seguir para meu destino final. A esteira começou a se mover e eu logo abri um sorriso, ia tirar aquela onda com meus companheiros de viagem ainda irritadiços. Foi quando avistei surgindo de trás daquela característica cortininha algo que não parecia minha mala. Aliás, não parecia nenhuma mala. Parecia... uma cueca? Era a minha cueca!!! O que ela estava fazendo ali? Meu item mais íntimo de vestuário desfilava por aquela esteira sob o olhar julgador de todos os passageiros! Era como se ela estivesse em uma passarela da Semana de Moda de Milão. Eu ainda estava chocado, sem entender direito o que se passava, quando o segundo item a aparecer na esteira foi a minha bendita mala. Com o devido adesivinho de "prioridade" colado, mas com a parte da frente totalmente aberta. Tinham arrombado minha bagagem. Em plena Itália, segundo país de primeiro mundo em que eu desembarcava desde o começo do programa (o primeiro foi a Dinamarca). Eu havia sido roubado justamente nesse berço de cultura, de alta gastronomia, de imperadores, e que agora era testemunha de um triste capítulo na história de minhas roupas íntimas. Obviamente, até por tratar-se do local em questão, não tive como assumir a propriedade

LEONDRE COM UMA ARMA DE BRINQUEDO NO INTERVALO DE UMA DAS EXAUSTIVAS AULAS.

O ARSENAL QUE ERA UTILIZADO EM NOSSOS TREINAMENTOS.

da cueca. Deixei-a vagando perdida em direção ao nada. Vai que, além de roubado e humilhado, minha cueca ainda era cafona? Afinal de contas, estava em Milão. Peguei minha mala do jeito que estava, rasguei o adesivo de prioridade e saí rapidinho.

DOA A QUEM DOER

O trauma não permitiu que conhecesse Milão direito. Aquele lugar que parece viver mais de aparências que qualquer outra coisa era meio que o oposto do que procuramos como objetivo para o nosso projeto. Portanto, fiquei até feliz em pegar um trem para encontrar meus companheiros e me juntar a eles em sessões diárias de socos, chutes, chaves de braço e estrangulamentos. Quando fizemos nossas inscrições pela internet, Jim Wagner, o mentor e criador do curso, deixou bem claro: "Meu objetivo é treiná-los em situações o mais próximo do real, para que no evento de um cenário verdadeiro vocês saibam como se portar."

Foi uma dura semana no curso de sobrevivência de Jim Wagner. O cara é um sargento linha-dura americano que já foi *air marshall* (aqueles agentes de segurança especiais que viajam à paisana em voos americanos), guarda penitenciário, do *special ops* (batalhão de operações especiais da PM, a Tropa de Elite deles), da polícia secreta, deu aula para forças-tarefa de todo o mundo (inclusive Brasil) e estampa em seu site, com o maior orgulho, uma foto ao lado do ex-presidente americano George W. Bush. Ah, sem falar em seu gosto e defesa apaixonada das armas de fogo. Guardadas as nossas diferenças de realidade e opiniões, o cara é um mestre no que se propõe a ensinar. *"No pain, no gain"* [Sem dor, não há aprendizado!] ou *"Nobody said it was gonna be easy"* [Ninguém disse que seria fácil!] foram frases ouvidas repetidas vezes durante os dias de aula na minúscula cidade italiana. A verdade é que, entre hematomas e escoriações, aprendemos muito com ele.

O dia começava às seis da manhã, quando acordávamos como crianças indo para a escola. Entre resmungos de "Não quero ir pra aula!" e "Escola hoje nãããããooo!", saltávamos da cama e, mochilas nas costas, seguíamos a pé por uns cinco quarteirões da pacata Ravena até chegar ao modesto ginásio que servia de palco para as aulas práticas e teóricas. Chegando lá, nos encontrávamos com nossos colegas de classe para um rápido café da manhã antes do início das atividades. Ao todo, eram dez homens e duas mulheres de diversas idades e vindos dos mais variados cantos da Europa. Em comum, o desejo de estarem preparados para um sequestro de avião, um psicopata na fila do banco ou o eventual ataque terrorista no supermercado.

Marco Desideri era um senhor de seus quarenta anos, branco como um fantasma, esquálido, careca e dotado de um nariz enorme que automaticamente o transformava na caricatura de algum vilão decrépito dos livros de Asterix. Ele era empresário e, a julgar por suas roupas caras, de sucesso. Marco fazia um esforço enorme para ser o aluno predileto do professor Jim Wagner. Em nossas simulações, geralmente seus parceiros não ofereciam resistência por gentileza ou pena. Cada vez que ele, atrapalhadamente, conseguia desarmar alguém, utilizando golpes totalmente inverossímeis que jamais funcionariam em uma situação real, dava uma olhada orgulhosa para Jim como que pedindo a aprovação do mestre. Marco dizia que queria controlar pessoalmente a segurança de suas empresas. Não entendi bem por que não optava por contratar um aparato eletrônico de vigilância ou um moderno sistema de alarmes. Imaginei-o vestido de ninja e vigiando noite após noite a entrada de suas fábricas, aguardando ansiosamente a oportunidade de dar uma lição em algum malfeitor com as técnicas assimiladas no curso. Remy e Jean eram dois jovens irmãos franceses que devem ter assistido a filmes demais do Rambo. Superdedicados e atléticos, empenhavam-se muito nas simulações

EU ENTRE NOSSOS INSTRUTORES FABRIZIO E JIM WAGNER.

MAIOR DESAFIO DESTA VIAGEM, A MONTANHA-RUSSA ISPEED NO PARQUE MIRABILÂNDIA.

de cenário que invariavelmente machucavam um ao outro e acabavam se xingando na língua de Sartre. Paolo era um loiro muito calado, ar soturno, olhos arregalados e cicatriz na testa. Não me surpreenderia se estivesse ali fazendo pesquisa de campo para um futuro atentado. Marcel era um senhor italiano de meia-idade, bem forte e faixa preta em caratê. Achava que o sistema "Seja um alvo difícil", desenvolvido por Jim Wagner, era a nova evolução das artes marciais. Concluí que ele nunca tinha sido apresentado ao UFC ou ao MMA. Sonia era uma morena de cabelos longos encaracolados, maquiagem pesada, unhas vermelhas sempre bem-feitas, que vestia trajes um tamanho menor do que deveria. Ela parecia estar ali para... Bem, para arrumar um pretendente. Quaisquer que fossem nossos motivos para estar cursando aquelas aulas ou o proveito que tiraríamos delas, o fato é que havia muita utilidade no que iríamos aprender. Afinal, o curso de Jim era projetado para situações comuns que poderiam, em um piscar de olhos, se transformar no momento mais crucial e decisivo de nossas vidas.

A grande verdade é que o ponto focal e grande atrativo do curso era a própria figura dele, Jim Wagner. Texano de meia-idade, que apesar da barriguinha saliente era forte como um touro, Jim discursava para a classe como se fosse um misto de herói de guerra, super-homem e líder espiritual. E a impressão que dava era que a turma toda o via mesmo dessa maneira. A cada frase de impacto ele fazia uma pausa dramática para a inserção dos "ooohhhsss" de admiração de sua plateia, que sempre correspondia com *timing* perfeito. Auxiliado por um tradutor, ele apresentava para a turma temas do tipo: "Como se portar em uma briga de facas", "Fugindo de um tiroteio", "Voando com terroristas" e por aí vai. Esse conteúdo programático era sempre precedido de um episódio ilustrativo em que o próprio Jim era o personagem principal. No qual, invariavelmente, era o herói que salvava a todos com seu instinto de sobrevivência e bravura. A turma ouvia embevecida, como se tratasse dos relatos reais da vida de Chuck Norris.

Após um rápido alongamento, era a hora de colocar em prática o que aprendêramos na teoria. Vestíamos óculos protetores, capacetes, luvas e partíamos para a porrada! Jim fazia a exibição inicial e, sem mostrar os truques do ofício logo de primeira, conseguia sempre desarmar ou fuzilar com balinhas de borracha as suas cobaias indefesas (nós). Depois, ensinava a parte técnica e era a vez de praticarmos o que tínhamos visto com nossos colegas. Na maioria das vezes, usávamos sangue de mentirinha. "É para dar mais realidade...", como dizia nosso sádico professor. E, então, seguiam-se horas e mais horas de tiros de borracha (as marcas demoram semanas para sumir), spray de pimenta (fiquei com a cara ardida por dois dias), socos, chutes, cotoveladas e facadas de borracha. Tudo em nome do aprendizado. O exercício era cansativo de verdade. A cada dia acordávamos com novos hematomas e dores em músculos que nem sequer sabíamos que existiam.

Muito do que vimos ali era puro bom-senso. O que era até interessante e provava que a coisa toda tinha um valor real e prático, não era apenas uma diversão inusitada. Jim não queria criar um exército de soldados urbanos ou projetos de heróis prontos a fazer justiça em qualquer ocasião. Muitas vezes a lição era simplesmente: não faça nada. Se um psicopata invadir o aeroporto metralhando tudo em sua direção, apenas se jogue no chão e reze. Se perceber um grupo de facínoras vindo em sua direção na calçada, corra! Simples. Outras lições eram aquelas típicas sacadas geniais que sempre parecem óbvias. Depois que você é apresentado a elas, claro. Dicas úteis que levaremos conosco em todas as viagens. Como, por exemplo: sentar-se sempre perto de uma saída de emergência (para o caso de uma... emergência); não revelar o itinerário de sua viagem para estranhos; em localidades inseguras evitar aglomerações; informar a embaixada de seu país sobre a sua chegada; só alugar carros de empresas conhecidas; não marcar encontros com desconhecidos em lugares remotos... Enfim, uma série de dicas que, se fôssemos seguir à risca, impossibilitariam a realização de nosso programa. E no final, entre mortos e feridos, fomos aprovados com louvor no curso e até ganhamos um diploma de especialista em sobrevivência. Anexada a uma foto autografada do nosso heroico guru e mentor, Jim Wagner, é claro.

PÂNICO EM RAVENA

Antes de nos despedirmos da pacata Ravena, ainda restava uma importante missão a ser cumprida. Fanático por montanhas-russas, Leondre estava ansioso por nossa passagem por essa desconhecida cidadezinha do Mediterrâneo. É que, se havia alguma coisa pela qual Ravena era conhecida, era por abrigar o principal parque de montanhas-russas de toda a Europa: o Mirabilândia. Uma feliz coincidência o destino ter colocado isso no caminho de nosso intrépido colega. UFO não veio para a Itália conosco por motivos técnicos. Pesca declarou que não iria nem amarrado. Leo, portanto, voltou sua munição para mim. "Duas das montanhas mais sinistras se encontram nesse parque, Fran!", tentava me coagir a acompanhá-lo sem perceber que seus argumentos me afastavam cada vez mais do tal parque. Já me bastavam as emoções proporcionadas pelos destinos escolhidos para nossas viagens: desastres naturais, ditaduras sanguinárias, nações em guerra... Eu realmente não precisava acrescentar *loopings* a 300 km/h a esse cardápio. Além do mais, esse tipo específico de parque não estava relacionado em minha memória à palavra "diversão".

Assim que Leo me contou sobre o Mirabilândia, me lembrei do dramático e tragicômico episódio vivido por um amigo que, em viagem a Los Angeles, resolveu conferir as atrações do Six Flags, parque de diversões renomado dos Estados Unidos. Estava ele, alegre e faceiro, divertindo-se nas montanhas-russas mais altas, rápidas e amedrontadoras do hemisfério norte quando, após quatro horas de emoção, resolveu dar o dia por encerrado. Convencido por um de seus parceiros de aventuras, decidiu encarar uma saideira repetindo o passeio na besta-fera conhecida como *Superman*. Cinto de segurança devidamente afivelado, ele ia subindo vagarosamente pelo trilho em seu carrinho, aguardando o declive que o faria atingir 206 km/h em apenas três segundos. Início de descida. O carrinho acelerado como um raio. A pressão atmosférica fica cada vez mais forte, empurrando as bochechas de meu colega para os lados. Os gritos delirantes da galera aumentam em intensidade. Quando a engenhoca parecia atingir a velocidade de pico nas alturas, meu amigo sente um golpe incrivelmente forte no rosto. Levemente desorientado, ele tenta se localizar ainda incapaz de saber o que aconteceu e onde está. Sua consciência vai voltando em flashes ainda em pleno percurso. A dor chega junto com o pânico, e ele tenta abrir os olhos acreditando que algo de muito errado ocorreu com o "brinquedo", que estaria agora levando aquele trenzinho apinhado de jovens para um mergulho fatal. Felizmente, o carrinho seguiu seu curso sem problemas. O gosto de sangue enche sua boca e ele tenta olhar para os lados em busca de socorro. Somente quando o danado freia na estação final, o pesadelo dá indícios de terminar. Sua face dilacerada e ensanguentada afasta o pessoal que aguarda a sua vez na fila horrorizado. Uma equipe médica aparece rapidamente e até uma ambulância o assiste no próprio local. Somente mais tarde meu amigo recobraria parte da memória, lembrando ter avistado um pássaro momentos antes do trágico choque. Testemunhas confirmam tratar-se de um falcão desavisado que atingiu o rosto de meu camarada que viajava a mais de 100 km/h. A "brincadeira" lhe custou uma noite no hospital e alguns milhares de dólares em indenização ao parque.

Lembro desse caso sempre que vejo a face histericamente alegre e desavisada da garotada que viaja pelos céus nessas montanhas-russas radicais tendo apenas um pequeno cabo de aço separando-as de uma morte espetacular. Mas acabei cedendo à chantagem emocional de

Leondre e fomos juntos enfrentar as mais temidas montanhas-russas do Velho Continente. E devo confessar que, para minha surpresa, aquela foi uma das tardes mais divertidas que já vivi na Europa. O parque é realmente imenso e, para quem esperava uma versão clássica e datada, com carrinhos de ferro enferrujado passeando por trilhos de madeira, me deparei com uma autêntica versão italiana do temido Six Flags. Eram diversos restaurantes, atrações, lojinhas e passeios temáticos. Todos eles, obviamente, radicais. Se vangloriavam de possuir os mais rápidos e altos passeios, o maior número de *loopings*, as maiores quedas... Havia até uma votação na saída do parque para você escolher qual fora a viagem mais amedrontadora. Marquei empate, pois meu coração saltou pela boca e foi até o pé igualmente em todas elas. Mas começamos este projeto sabendo que teríamos que encarar desafios aterradores. Fiquei feliz de a Mirabilândia ter sido mais uma missão cumprida.

INDONÉSIA

← CARTAZ QUE TE RECEBE NO AEROPORTO DE BALI.

REPÚBLICA DA INDONÉSIA

Governo	República presidencialista
Capital	Jacarta
Idioma	Bahasa indonésio
Moeda	Rúpia indonésia (IDR)
População	237.512.355
IDH	108° lugar
Internet	Wi-Fi grátis, rápida e acessível

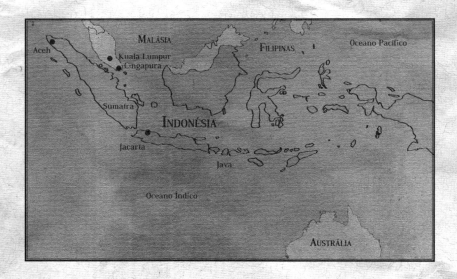

Deve ser estranho deparar com a agradável cidade de Bali em um livro como este. Se o título desta obra fosse algo na linha *Destinos paradisíacos* ou *As praias mais bonitas do mundo*, ainda vá lá. Mas, como já deu para perceber, não é o caso. Acontece que dois dos principais destinos de nossa terceira temporada são vizinhos bem próximos desta deliciosa cidade pródiga em ondas perfeitas, templos hindus e escandinavas bronzeadas curtindo suas férias de verão. Ironia do destino, o lugar que a gente ia visitar "a trabalho" ficava ali mesmo na Indonésia: a cidade de Banda Aceh. Cinco anos depois da primeira viagem, íamos retornar ao ponto zero do tsunami de 2004 na Ásia e do próprio projeto *Não conta lá em casa*. Queríamos ver os efeitos a médio prazo de todo o investimento que vimos chegar ao lugar em um momento tão emergencial. Íamos continuar ali pelas redondezas e depois seguiríamos para o Timor-Leste. A ideia era conhecer esta jovem nação e aprender sobre sua recente e trágica história, intimamente ligada à própria Indonésia e até ao Brasil.

Fomos para Bali quando terminamos a nossa semana de treinamento antiterrorismo em Milão. A sensação de partir do aeroporto de Malpensa e voar em direção ao de Dempassar, em Bali, era altamente representativa no momento. Sobrevoamos algumas das cidades mais complicadas que já tínhamos conhecido e pretendíamos conhecer. Bagdá, Sarajevo e Banda Aceh ficavam para trás, lá embaixo, enquanto a gente seguia para aquele que é considerado o verdadeiro paraíso, não só para a nossa equipe como para as hordas de turistas que visitam o lugar todo ano (Bali recebe anualmente mais que o dobro de turistas do Rio de Janeiro). Única ilha hindu de uma Indonésia predominantemente muçulmana, era por si só a referência de um estilo de vida mais leve e relaxado. A tranquilidade do voo que passava por cima de regiões tão tensas era a metáfora perfeita para o nosso curto período ali. Algo como estar acima das preocupações e do estresse cotidiano inerente à produção de um programa como o nosso.

A Indonésia, no todo, e Bali, em específico, têm um apelo forte para o surfe, e esse é um dos principais motivos que fazem esse destino ser tão querido entre os membros do *Não conta lá em casa*. São várias praias paradisíacas e com ondas que não deixam nada a desejar ao visual de cartão-postal onde estão inseridas. Esquerdas ou direitas. Pequenas ou grandes. Longas paredes azuis perfeitas para manobras ou tubos na velocidade de uma locomotiva correndo sobre uma bancada de coral afiado. Há ondas para todos os níveis e gostos. Antes mesmo de fazer o *check-in* em um hotel, dá para tirar o ranço da viagem com uma bela sessão de surfe. Em Airport Lefts, é possível encontrar esquerdas perfeitas para os mais fissurados aproveitarem uma caidinha antes mesmo de deixar o aeroporto, que aliás é uma perfeita introdução ao tipo de viagem que você vai vivenciar em Bali.

Da última vez que passamos por lá, um senhor vendia um Viagra genérico direto de uma pochete. *"Strong banana!"*, dizia, enquanto fazia um gesto de força com o punho. Recusamos o aditivo, mas acabamos comprando duas daquelas pulseirinhas Power Balance, que prometem equilíbrio físico e mental com garantia da NASA. A gente nem queria os braceletes, mas é justamente quando você negocia sem a intenção de comprar que consegue as melhores barganhas na Indonésia, lugar onde a disputa de valores entre vendedor e comprador é parte integrante da cultura. Depois de muito regateio na negociação, chegamos a um ponto em que o preço de nossas pulseiras caiu quase 1.000%. Uma verdadeira pechincha! Como estávamos indo para Banda Aceh, eu e Pesca acreditamos que não custava nada levar mais essa simpatia em forma de adereço para encararmos com equilíbrio um terreno extremamente suscetível a abalos sísmicos. Um mês depois de nossa aquisição, uma nota oficial divulgada na imprensa de todo o mundo revelava que o tal bracelete era tão somente o esquema da vez para enganar trouxas. Nossa decepção não foi assim tão grande. Afinal, não compramos as tais pulseiras direto da Agência Espacial Norte-Americana, mas sua versão falsificada obtida direto da pochete de um tiozinho que vendia *Viagra* contrabandeado.

Como se não bastassem as praias com jovens de todas as partes do mundo, os templos com seus macaquinhos ladrões de bugigangas e as estátuas hindus cobertas com sarongues coloridos, Bali ainda consegue seduzir pelo ponto de vista econômico. Tudo é muito barato! Além das ondas, esse é um dos motivos que faz nosso querido Bruno Pesca optar por morar e trabalhar direto na ilha durante grande parte do ano. E que faz com que UFO e Leo passem férias por lá, todo ano, muitas vezes estendendo a permanência por meses e meses. Como é a minha primeira passagem pelo lugar, eles prometeram ser meus guias oficiais e garantiram que conheceria a verdadeira Bali. Alugamos motos sem habilitação (prática comum no lugar) e fomos rodar a ilha. Vestimos os obrigatórios sarongues para conhecer os principais templos, passeamos pelas ruas movimentadas de Kuta, desviando das oferendas hindus que cobrem as calçadas e enchem o ar com seu cheiro de incenso, visitamos as praias lotadas de australianos vivendo um clima hippie dos anos 1970 e, finalmente, a melhor parte do dia: eles me levaram ao seu restaurante favorito. A comida era deliciosa. Suco de banana fresquinho e um prato muito bem servido e temperado de macarrão com frutos do mar que parecia terem sido pescados na hora. Porém, o que me deu água na boca mesmo foi o preço: 12 dólares! Pelas quatro refeições!

Diferentemente do que acontece durante nossas viagens tradicionais, em Bali você acaba ganhando peso em vez de perder. Especialmente nessa viagem, quando passamos por uma provação que acabou por se tornar uma bênção disfarçada. Nossos poucos dias na cidade coincidiram exatamente com um feriado emendado dos hindus. Chegamos ao fim do dia procurando um lugar para passar a noite mas todos os hotéis estavam abarrotados. A gente parava na porta de algum dos locais assinalados em nosso guia e logo aparecia um funcionário com cara de lamento e fazendo um sinal com as mãos que no Brasil seria interpretado como "Peguei um peixe desse tamanho!". Demoramos a entender que aquele gesto significava a palavra que mais temíamos naquela situação: lotado. Mas, para quem já passou por países onde o povo fala "sim" mas balança a cabeça negativamente, linguagem de sinais não era o maior problema. O grande drama era que, hotel após hotel, albergue após albergue, pousadas, casas de família... todas as acomodações na cidade estavam lotadas. Considerando a hipótese de dormir na praia usando as mochilas de travesseiros e as capas de prancha como sacos de dormir, decidimos rumar para uma última e arriscada cartada. O Ramada Bintang Bali era referência em luxo e ostentação no coração da ilha. Para os padrões de instalação a que estávamos acostumados, seria como hospedar quatro mendigos no Palácio de Buckingham. Apesar do cansaço e de nossos trajes nada de acordo com as nababescas instalações, cruzamos o portão de entrada como lordes e nos dirigimos ao balcão do lobby. Havia apenas dois quartos duplos. Exatamente o que a gente precisava. Dava até medo de perguntar o preço. Quando o funcionário disse 50 dólares cada quarto, não acreditamos. Cem dólares era o que a gente tinha pagado para ficar em um cativeiro mofado em Rangoon, Mianmar! Essa mesma quantia em Bali nos garantiu manhãs de sol na piscina, drinques na beira da praia, internet Wi-Fi, salão de jogos e um generoso café da manhã. E, quando digo generoso, me refiro a dez estações divididas entre: pães, bolos, panquecas, saladas, sucos variados, *shakes*, cereais, iogurtes, frutas e queijos. Coisa de filme.

Apesar de ser uma espécie de zona de segurança, ou um *hub* de prazer e diversão antes de alçarmos voos mais tensos, em Bali passei por um dos maiores traumas de todas as minhas viagens. Foi quando minha câmera digital, com a qual congelei para a posteridade momentos únicos e de altíssimo valor visual e afetivo, desprendeu-se de minhas mãos durante uma sessão de fotos pseudoartísticas na beira do mar de Java. Ainda tentei salvá-la de seu destino mortal, mas foi em vão. Já no Brasil, precisamente às 9h25 de uma manhã fria de inverno, foi decretada oficialmente a morte de minha máquina fotográfica digital tão querida. Após o mergulho acidental nas águas da praia de Changu, a pobrezinha vinha respirando por aparelhos nas dependências da loja autorizada de meu bairro. Seu estado inspirava profundos cuidados e sua manutenção estava sendo custosa. A minha esperança quanto à sua recuperação equivalia em intensidade somente à dedicação dos especialistas que dela tratavam com esmero. Um sopro de vida parecia ainda insistir em bater em seu debilitado coraçãozinho coberto por circuitos. Uma sobrevida com algumas sequelas inevitáveis parecia acenar no horizonte. Foi então que, finalmente, fui retirá-la de sua moradia provisória desde o seu acidente. Crente que iria rever os momentos memoráveis passados em Bali. A expressão pesarosa do encarregado por seus cuidados fez com que o silêncio traduzisse eloquentemente o grito que calou minha alma. A minha companheira de aventuras, em sua frágil condição, não resistira à atípica umidade a que fora submetida durante o mergulho fatídico. Sua morte havia sido decretada exatamente na noite anterior. Preferi não levar comigo seus restos metálicos. Achei que guardar na lembrança a sua presença associada apenas a alguns dos episódios mais abençoados de minha existência seria o mais adequado. A amiga digital, em sua breve passagem sob minha custódia, retratou com eficiência imagens que ficarão para sempre guardadas não só na memória virtual de meu computador, como em minha própria memória, agora abalada. Foi com esta câmera que congelei para sempre passagens mágicas que só um projeto da magnitude e perfil do *Não conta lá em casa* poderiam proporcionar. Companheira, fiel, competente e destemida até sua última missão, ela estará para sempre viva em minhas lembranças. Que minha querida amiga esteja bem onde estiver.

Tirando o prejuízo da máquina, nossos dias de sultão em Bali valeram a pena. No entanto, apesar de relativamente baratos, foram um duro golpe no orçamento. Tão duro que, quando precisamos tirar cópias do guia de viagem de nosso próximo destino, antes de partir, tivemos que recorrer a atitudes drásticas de sobrevivência. O dinheiro estava contadinho, dava para cobrir as cópias, a gasolina até o aeroporto e só. Nós é que não contávamos que o estacionamento onde ficava localizada a copiadora era pago. O jeito foi parar no estacionamento da loja de vinhos ao lado, este, sim, gratuito. Porém, reservado somente para o uso de clientes. Sobrou então para mim, e acabei ficando por quase uma hora fingindo escolher entre merlots, pinotages e chardonnays enquanto meus colegas gastavam nossos últimos centavos na xerox. *Não conta lá em casa* não é glamour, não. Devido às restrições orçamentárias, ainda tivemos que deixar a única província hindu da Indonésia para encarar nosso período de filmagem em Banda Aceh, a mais radicalmente islâmica do país, viajando em uma companhia aérea bem mais humilde. A Merpati Airlines não é muito conhecida por sua segurança, conforto, serviço de bordo ou programa de milhagem, mas devo confessar que o Kit Kat servido no lanche foi uma agradável surpresa. E talvez o último prazer descompromissado que teríamos durante nossa estada na Indonésia.

BANDA ACEH, 5 ANOS DEPOIS

Em 26 de dezembro de 2004, um terremoto próximo à costa da Indonésia atingiu 9,3 graus na escala Richter (terceiro maior registrado até hoje), desencadeando um tsunami de proporções aterradoras. Em questão de minutos, uma sequência de ondas gigantescas atravessou o oceano Índico, chegando ao continente com até 30 metros de altura. No final, mais de 14 países foram atingidos e mais de 230 mil pessoas morreram no que foi considerado um dos mais trágicos desastres

naturais da história. Como o epicentro do terremoto ficava a 160 quilômetros da costa da ilha de Sumatra, o primeiro ponto terrestre atingido
pelo tsunami foi a pequena cidade de Banda Aceh, na província de Aceh,
Indonésia.

Esse foi o ponto de partida de todo o nosso projeto. Apenas seis
meses após a tragédia, Leo, UFO e Pesca decidiram que não cancelariam
sua viagem de férias. Uma surf trip juntos, que já vinha sendo planejada e ansiosamente aguardada há anos! Mas, com a nova realidade que
se apresentava, eles teriam que fazer algumas drásticas adaptações. O
roteiro ia ser mudado, alguns picos de surfe dariam lugar a novas ondas que apareceram do nada com as alterações no fundo da plataforma
oceânica, e os hotéis reservados em certos destinos (que possivelmente
tinham caído com o terremoto) teriam que ser trocados por improvisadas barracas de camping. Mas a mais importante mudança era que o
objetivo da viagem havia se transformado completamente. O que era
uma viagem de surfe entre amigos tornou-se uma expedição aos confins
da Indonésia devastada pelo mais terrível desastre natural de sua história. Por fim, algumas pranchas tiveram que dar lugar ao equipamento de
filmagem que Leondre levou para registrar cada momento. Na época,
eu e ele já trabalhávamos com produção audiovisual e achamos que não
haveria oportunidade mais apropriada para nos arriscarmos em nosso
primeiro documentário em longa-metragem. Por motivos pessoais não
pude acompanhar meus amigos nessa empreitada, fiquei no Brasil fazendo a produção (consegui fechar a maior piscina de ondas do mundo, na Malásia, para que os quatro surfassem com exclusividade para
o filme. Uma coisa pela qual até hoje eles me agradecem) e mais tarde
trabalharia direto com Leo na finalização do filme. UFO, que conhecia
como poucos a região, foi responsável pelo roteiro, paradas e contatos
ao longo do caminho. O dublê de surfista e economista Bruno Pesca fez
as vezes de produtor executivo de toda a empreitada. E assim estava
criado o embrião do que seria o nosso programa hoje.

Os surfistas amadores e agora cineastas profissionais permaneceram por quase dois meses no local, desbravando terrenos devastados, conhecendo pessoas e histórias emocionantes e testemunhando em primeira mão a recuperação dos locais mais afetados por aquela tragédia sem precedentes. Voltaram de lá com mais de cinquenta horas de filmagem que se tornariam o *Indo.doc*, primeiro filme de nossa produtora.

UMA TRAGÉDIA NA ERA DA INFORMAÇÃO

O termo tsunami, até então uma desconhecida palavrinha japonesa, cresceu em popularidade e passou a rivalizar com avalanche, enxurrada e outros fenômenos naturais usados para descrever grandes volumes em textos jornalísticos e na boca do povo. Bilhões de dólares foram doados em questão de dias. Reportagens especiais foram escritas em tempo recorde. Shows beneficentes enviam diversas celebridades em palcos por todo o mundo. E, ainda assim, com a mesma velocidade com que ganhou as páginas dos jornais, a tela das TVs e os sites de notícia, a tragédia do tsunami da Ásia em 2004 saiu do foco das atenções. Em menos do que algumas semanas, ninguém sabia como estava reagindo aquele povo simpático direta e dramaticamente afetado por esse imenso desastre. Em vez de desmotivar, essa trivial e marcante característica dos nossos tempos nos serviu de estímulo. Resolvemos remar contra a maré e, já vislumbrando a possibilidade de outra maneira de investigar, informar, ajudar e agir, decidimos mergulhar fundo nessa história. A ideia era pôr a mão na massa, fazer a diferença e trazer à tona de novo esse drama que, tão recente, já era considerado notícia velha. Nada de entrevistas caretonas, gráficos ilustrativos, dados lançados em uma narrativa ascética. Queríamos entrar em contato com as entranhas desta tragédia.

Sem essa de isenção jornalística, segurança profissional ou relatos piegas e forçados. Queríamos vivenciar a verdade nua e crua do lugar, oferecer qualquer tipo de alento e trazer de volta o registro mais verdadeiro possível de uma situação calamitosa. Não esperávamos que as lições que tiraríamos desse processo seriam tão marcantes e nos levariam a alçar voos mais ousados.

Foi assim que nossa equipe conseguiu chegar a Banda Aceh, o ponto zero do tsunami. A região estava até então em uma violenta guerra civil que deu uma trégua por duas razões. Primeira, para permitir a entrada da ajuda humanitária extremamente necessária. Segunda, porque grande parte dos guerrilheiros de ambos os lados havia sido vítima da própria tragédia. Leo, UFO e Pesca fizeram parte do reduzido grupo que conseguiu chegar ao primeiro ponto terrestre atingido pelas ondas gigantes, além de outros locais drasticamente afetados. Mas, quando tiveram que retornar ao Brasil, a situação ainda parecia longe de estar controlada. As obras de infraestrutura nem tinham começado a sair do papel, desabrigados ainda viviam em tendas improvisadas, os hospitais permaneciam lotados e, pior de tudo, havia um forte questionamento popular sobre a aplicação da vultosa soma de dinheiro doada ao país.

Por todos esses motivos, sempre foi nosso desejo retornar. Não só para checar em que pé estava a recuperação do local alguns anos depois, mas principalmente para ver a situação atual dos diversos amigos feitos durante a primeira passagem. É notório que os laços de amizade se estreitam durante uma viagem. O que dizer, então, de uma viagem em que fomos acompanhados por pessoas tão gentis e amáveis como os indonésios? E justamente quando estavam passando pelo momento mais delicado de suas vidas? A ideia era refazer todo o trajeto do filme que deu origem à série. Só que agora com uma nova visão. Era exatamente aí que eu entrava. Como ainda não havia estado em Aceh, minhas impressões seriam únicas. Pela primeira vez na história do programa, poderíamos comparar impressões sobre o destino escolhido para ser retratado.

UFO, Leo e Pesca poderiam fazer um "antes e depois". Como viram a situação do lugar em seu momento mais extremo, talvez fossem naturalmente sugestionados pelo contraste da evolução (independentemente do grau em que estivesse). Eu estaria conhecendo o local, sendo impactado por tudo que vivenciasse de positivo ou negativo. Sem nenhum preconceito ou possibilidade de comparação. Uma viagem como outra qualquer. Ou não.

BANDA ACEH 2, O RETORNO

Assim como da primeira vez, nossa viagem começou por Bali. Outra coincidência proposital com nossa incursão original e muito útil para os nossos propósitos foi marcar um encontro com o famoso surfista indonésio Arya Sankay. Apesar de não termos guardado o e-mail ou telefone dele, não foi difícil contatá-lo de novo. O cara é uma lenda na Indonésia e foi nosso primeiro contato quando nos aventuramos a registrar os efeitos do tsunami cinco anos antes. Ele foi um dos primeiros a chegar a Banda Aceh logo após o terremoto e o tsunami. Como também é mergulhador profissional, Arya levou seu equipamento e constatou em primeira mão as mudanças radicais no relevo submarino do local.

Depois de cinco anos, nos encontramos novamente na loja de um amigo seu, o surfista profissional Tipi Jabrik. Loja não é bem o termo apropriado para descrever o negócio de Tipi. O lugar era um galpão imenso, com um pé-direito de quase 20 metros e decorado de forma supermoderna e extremo bom gosto. Parecia mais uma galeria de arte contemporânea ou museu de objetos de design onde as obras em exposição eram roupas, pranchas, guitarras e outros acessórios de marcas inovadoras do mundo todo. Mesas de sinuca de forro vermelho, motos, skates e móveis que

QUADRO NO LOBBY DO NOSSO HOTEL EM BANDA ACEH QUE MOSTRA COMO FICOU A SUA ENTRADA NO FATÍDICO DIA DO TSUNAMI.

ACORDAR NO SEGUNDO ANDAR E AO CHEGAR À VARANDA SE DEPARAR COM... UM BARCO!

pareciam esculturas completavam o toque de arte deste revolucionário estabelecimento comercial. Nos fundos, havia um quintal com um jardim super bem decorado que desembocava em um bar estiloso onde era servida a melhor pizza de Bali, segundo nos disseram (e fizemos questão de comprovar!). Um palco ficava permanentemente armado nessa parte da loja e, pouco a pouco, começaram a chegar jovens balineses (meio emo, meio punks) para curtir um autêntico show de rock ao vivo que estava por começar. Entre os primeiros acordes de guitarra e fatias de uma deliciosa pizza de muçarela, iniciamos nosso papo com Tipi e Arya.

Eles nos contaram que desde então muita coisa havia mudado em Aceh, mas que, como iam regularmente ao local, talvez o impacto das mudanças ficasse ainda mais claro aos nossos olhos de forasteiros. Tipi enfatizou que a região num todo vinha se destacando como uma das províncias mais proeminentes da Indonésia nos últimos anos, e que, diferente da primeira vez, poderíamos nos aventurar em novos passeios a áreas totalmente inacessíveis em 2005. Diferente daquela época, hoje vários voos cumpriam a rota Bali–Aceh. O nosso partia na manhã seguinte. Ainda dava tempo de curtir um pouco do rock balinês e da melhor pizza da cidade antes de nos retirarmos à procura de um hotel (saga que já contamos aqui).

Bem diferente da primeira vez que estiveram em Banda Aceh, quando o cenário era o de um pós-guerra sem que tivesse havido guerra, Leondre e Pesca pareciam não acreditar no que estavam vendo. O que antes era para eles a destruição total, uma terra arrasada sem vestígio sequer de civilização, parecia agora uma cidade novinha em folha. O entulho típico que resulta de um terremoto seguido de tsunami, e que estava por toda Aceh cerca de cinco anos antes, havia sido inteiramente removido. É comum as pessoas se referirem ao cenário de desastre natural como o que elas presenciaram em 2005 como "a cidade desapareceu" ou "foi varrida do mapa". E isso dá uma impressão errada da situação. Milhares de toneladas de cimento, reboco e ferragem que formavam a base de prédios, casas e demais construções comuns a qualquer cidade grande não desaparecem simplesmente de uma hora para a outra. Na verdade, parecia que um Godzilla bêbado tinha passado férias no local. Era como se um gigante alucinado tivesse atravessado a cidade destruindo tudo a sua volta. Derrubando prédios, esmagando carros e espalhando os destroços a esmo por quilômetros e quilômetros enquanto seguia em direção ao mar para curar a ressaca. Mas a verdade é que, sentado em um Pizza Hut próximo ao nosso hotel, saboreando uma bela pasta depois de um dia na praia, ficava difícil lembrar a dimensão da destruição que havia ocorrido ali. OK, era uma província modesta. Não tinham erguido ali novos hotéis luxuosos ou shopping centers majestosos. Porém não existia miséria, caos ou falta de infraestrutura. As ruas estavam relativamente bem-pavimentadas, comércio e escolas já haviam retomado as atividades, e os hospitais, que só atendiam de maneira improvisada e emergencial, estavam reformados e agora até mais bem equipados para uma tragédia de grandes proporções. Centenas de casas pré-fabricadas se alinhavam ao longo da avenida que seguia para a praia. Parecia uma enorme fila de dominós gigantes que, se Deus quiser, nunca serão derrubados. Alguém chegando desavisado poderia até esquecer, ou sequer vir a saber, que um dos maiores desastres naturais da história acontecera ali.

Mas bastava um olhar um pouquinho mais atento para perceber que os registros da tragédia demorariam muito para ser apagados. Nosso hotel, bastante agradável e arrumado, não apresentava marcas de inundação, paredes rachadas ou móveis destroçados. Como ele se localizava a algumas dezenas de quilômetros da costa, achei que ia até passar por idiota ao perguntar à recepcionista se a força das águas tinha chegado até ali no fatídico 26 de dezembro de 2004. Quando conseguiu entender a minha pergunta, ela apenas se virou para trás e apontou para um grande quadro na parede. Eu não tinha reparado, e também demorei alguns segundos para reconhecer, mas se tratava exatamente de uma foto emoldurada da entrada do nosso hotel. O que dificultou meu reconhecimento do ambiente é que na imagem em questão havia um barco de madeira de uns 40 pés "estacionado" bem no lobby onde eu estava! Reza a lenda que naquela trágica terça-feira tubarões e tartarugas marinhas foram encontrados nas piscinas de hotéis das redondezas depois que a maré retrocedeu.

Vocês sabiam que os animais têm uma taxa de sobrevivência a desastres naturais muito maior do que a dos seres humanos? Primeiro, podemos contar o fator pânico, que acomete muito mais os seres humanos do que os animais. O desespero perante a iminência de um desastre não raro faz com que o homem aja de maneira equivocada e tome decisões que muitas vezes o colocam em maior perigo e que podem custar sua própria vida e a de terceiros. O principal motivo desse índice de sobrevivência mais alto é que a bicharada, como é notório e cientificamente comprovado, tem seus sentidos muito mais aguçados. Cães machos podem farejar uma fêmea no cio a quilômetros de distância. Morcegos voam no escuro fazendo uso de um radar natural. Pássaros são capazes de sentir mínimos deslocamentos de ar e mudar o curso de um voo coletivo. Cobras e elefantes, particularmente, são apontados em estudos como animais capazes de perceber a chegada de um terremoto com horas de antecedência. Na Tailândia, há relatos de elefantes domesticados que, sem querer, salvaram diversas pessoas durante o tsunami de 2004. Quando seus sentidos os alertaram, com muita antecedência, do perigo eminente das ondas que se aproximavam da costa, os animais partiram em desabalada carreira em direção aos morros mais altos. Muitos deles carregando em suas costas incautos turistas, pegos de surpresa durante um passeio exótico. Depois dessa, eles com certeza tornaram-se ávidos defensores das causas animais.

Há ainda outro aspecto dessa tragédia que dinheiro nenhum do mundo ou campanhas de doação poderão apagar. Tivemos uma dura chamada à realidade durante uma corriqueira corrida de táxi, quando acreditávamos estar somente batendo mais um desses papos vazios de motorista e cliente como é comum em qualquer lugar do mundo. Para levantar mais informações, e matar nossa curiosidade sobre detalhes da passagem do tsunami por Banda Aceh, perguntamos ao nosso simpático interlocutor se ele estava na cidade durante o trágico episódio. Ele afirmou que sim, e completou com uma informação que já nos deixou em clima pesado: ele tinha sido o único membro de sua família a sobreviver à força das águas. Como se tratava de um senhor de certa idade, perguntamos se ele tinha mulher ou filhos. Novamente ele disse que sim. Calculamos, consternados, que o pobre homem tinha perdido pelo menos uns três ou quatro entes queridos para o tsunami. Mas ele fez questão de deixar claro, para nossa surpresa e desespero: "Éramos 26, entre tios, avós, primos, irmãos, sobrinhos e filhos. Hoje, só eu restei." Ficava claro que, independentemente de sua exemplar recuperação, Aceh estaria para sempre marcada pelo drama do tsunami.

Havia ainda outros detalhes indeléveis na paisagem local que para sempre estampariam a passagem do tsunami devastador por ali. Tamanha foi a demonstração do poder da natureza naquele trágico dia de dezembro em 2004 que, muitas vezes, o esforço humano para tentar desfazer o que as ondas de 30 metros haviam feito nem sequer compensava. Quantos dias de trabalho, litros de combustível ou maquinário pesado seriam necessários, por exemplo, para retornar ao mar a imensa embarcação da companhia elétrica da Indonésia que havia sido arrastada pelas águas, parando a 12 quilômetros da costa? Até porque, enquanto as autoridades decidiam o que fazer, a população já tinha dado um jeito de puxar um fio e utilizar os geradores do motor para garantir a iluminação do bairro. Ou quanto trabalho daria retirar um grande barco de pesca que jazia equilibrado no teto de uma casa (que também não ficava nada perto do litoral)? A família que morava embaixo dele parecia não se importar muito em acordar e dar de cara com a hélice de 50 quilos estacionada em sua varanda. Sendo assim, a prefeitura local deu uma pintada, colocou uma cerca em volta, montou um mirante para admiração e transformou o pitoresco acidente em mais uma atração aberta à visitação pública. Prático. Diferentemente de museus ou monumentos de guerra que vemos em qualquer parte do globo, e que servem para homenagear heróis ou de alento para episódios que jamais devem acontecer novamente, esses monumentos criados pela força da natureza em Banda Aceh têm um único propósito: servir como ponto turístico.

Em quase todos os lugares da cidade nos deparávamos com um pequeno memorial, uma colagem de fotos, um mural ou qualquer outra coisa que não só fazia referência ao tsunami, mas também informava e alertava a população sobre o fenômeno. O governo, por intermédio de seu secretário de Turismo (com quem tivemos o prazer de conversar), havia sido bastante inteligente ao deixar de lado o aspecto emocional e conseguir de certa forma reverter algumas consequências do desastre. Porque, apesar de parecer estranho, existiam duas grandes bênçãos que vieram na onda (com o perdão do trocadilho infame) de todo esse dramático episódio. A primeira se deu ainda em 2005, poucos dias após a tragédia. Desde 1976, Aceh vivia uma violenta guerra civil. Um movimento separatista autodenominado MAL (Movimento Aceh Livre) lutava fervorosamente pela independência da província, em função da acentuada diferença cultural e religiosa entre a região e o resto da Indonésia. Em 2003 esse conflito atingiu um de seus momentos mais críticos, chegando ao ponto de ser declarado estado de emergência na região. Desde então, diversas áreas de Aceh ficaram isoladas. Literalmente fechadas aos visitantes. Eram locais dominados por grupos rebeldes ou focos frequentes de violentos conflitos armados. Esses lugares ainda permaneciam em guerra quando nossa equipe esteve por lá para as filmagens do *Indo.doc*, em 2005. Algum tempo depois da tragédia do tsunami, uma trégua foi quase que forçadamente assinada entre separatistas e o governo indonésio. Era necessário permitir que as forças nacionais e internacionais de ajuda humanitária chegassem até as áreas dominadas pela guerrilha e que haviam sido gravemente afetadas pelo tsunami. Além disso, o próprio exército separatista sofrera enormes baixas, uma vez que grande parte de seu contingente também havia sido vítima do desastre.

Outro ponto que pode ser considerado positivo, ainda que decorrente desse dramático evento, tivemos a oportunidade de conferir em primeira mão. Fomos um dos primeiros grupos de "turistas" (no nosso caso, com aspas) em Aceh. A cidade ganhou renome por conta da tragédia e aos poucos vinha se tornando opção de destino para viajantes curiosos que percorriam os mais populares roteiros turísticos do sudeste asiático. A Indonésia é considerada uma pérola por turistas do mundo inteiro. Um arquipélago de ilhas banhadas por água azul, sol, ondas perfeitas, praias lindas, templos e, como já vimos: a incrível Bali, considerada por muitos o paraíso na Terra. Não havia por que Aceh não capitalizar em cima de sua vizinha mais popular. Qual o problema se sua fama tinha sido conquistada por conta de um trágico acidente natural? Pois essa fama agora poderia ser revertida diretamente em prol da recuperação do próprio país. E assim estava sendo feito. O trabalho era árduo e muitas vezes esbarrava na questão emocional, mas povo e governo estavam determinados a superar os obstáculos. Com uma infraestrutura básica funcionando e em condições de receber o turismo em potencial, lançaram a campanha "Visite Aceh", promovendo-a ao posto de nova cidade turística da Indonésia a partir de 2011.

AMIGOS PARA SIEMPRE!

Em nossa segunda visita a Banda Aceh, faltava ainda o componente principal, o mais importante, a verdadeira motivação não só desta, mas de toda e qualquer viagem que fazemos: as pessoas. São as vítimas que tornam ainda mais chocantes os desastres naturais, as casualidades que evidenciam o absurdo da guerra e, ao mesmo tempo, são os opressores, os agressores e aqueles que fazem deste mundo um lugar tão maravilhoso quanto complicado e injusto. São elas que necessitam de ajuda ou estão lutando para ajudar de alguma maneira a quem precisa. São quem compõe as fileiras de exércitos invasores e organizações humanitárias. Podemos dizer que, se encarado dessa forma, o fator humano é a força motriz de nosso projeto. Sendo assim, por mais que documentássemos a evolução de Aceh, nossa viagem não estaria completa sem checarmos este último "detalhe". Faltava ainda reencontrar os contatos que fizéramos em Aceh mais de cinco anos antes. Se não pela razão citada acima, pelo menos para tomar um café (lembrem que Aceh é uma província que segue fervorosamente a charia, lei canônica do Islã, o que significa que tomar umas cervejinhas estava fora de cogitação), trocar umas histórias e dar boas risadas.

Durante todo esse tempo, manter um contato mais estreito com esse grupo especial foi bastante difícil. O que já era de se imaginar dadas as circunstâncias e prioridades de todos que tínhamos conhecido naquela ocasião. Foram várias pessoas que nos apresentaram seu país, sua cultura, suas histórias e dramas particulares. Tudo isso durante o momento mais delicado que já haviam enfrentado na vida. Muitos desses indivíduos tinham perdido entes queridos, moradia, pertences e ainda assim se deram ao trabalho de interromper sua rotina de sobrevivência e reconstrução para ajudar quatro turistas brasileiros

BARCO QUE PERMANECE ATÉ HOJE SOBRE O TETO DE UMA CASA.

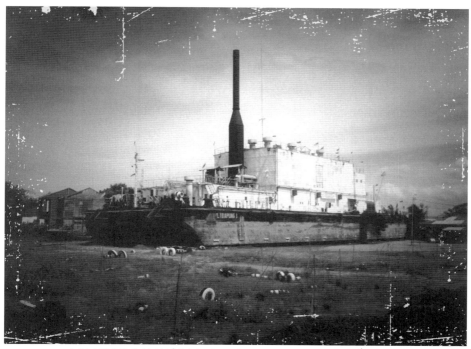

A GRANDE EMBARCAÇÃO DA COMPANHIA DE LUZ QUE HOJE É PARTE INTEGRANTE E IMPRESCINDÍVEL DE UM BAIRRO A QUILÔMETROS DA COSTA.

que tentavam achar o sentido das coisas em meio àquele mar de destroços e desespero.

Em todo esse conturbado cenário, ninguém representava melhor a simpatia, a força, a atitude positiva e a fé em seu povo do que nosso grande amigo Aloy Subyako. Surfista empolgado, ele tinha visto o sonho de sua vida ser levado pelas águas em 26 de dezembro de 2004, quando a loja de surfwear que acabara de inaugurar foi varrida pela furiosa invasão do mar. "Quando a água retrocedeu e consegui entrar na loja, ela estava completamente destruída. Não havia nada dentro dela, a não ser corpos que tinham sido arrastados pelas águas", contou na época. E-mails esporádicos em um inglês confuso traduzido pelo Google levavam ao Brasil, de tempos em tempos, as únicas poucas notícias que nos permitiam seguir de longe a árdua saga de recuperação de nosso camarada. Mas sempre que chegava uma missiva virtual com remetente de Banda Aceh, éramos tranquilizados por Aloy, que garantia que as coisas estavam caminhando e que tudo em muito breve voltaria a ser como antes. Nos meses que antecederam nossa partida, procuramos em vão estabelecer um contato mais dinâmico para avisar que iríamos visitá-lo e tentar deixar marcado com antecedência um encontro. Nada surtiu efeito. Então, quando ligamos para o celular dele, de uma praça ali em Aceh, avisando que estávamos na cidade, ele nem acreditou. Largou o trabalho e foi direto nos encontrar. Aloy, com suas atitudes, era a encarnação perfeita da palavra amigo, essa figura tão importante para nossa segurança física e mental por esse mundo afora.

Cinco anos antes, ele nos dizia estar ressabiado com o destino das doações feitas por milhares de almas solidárias de todo o mundo e que chegavam à Indonésia em um tsunami de cifras e moedas de nações que ele nem sabia que existiam. Ao mesmo tempo que não percebia uma resposta efetiva por parte das autoridades de seu país em face do tamanho desastre, afirmava que não havia tempo para choro ou lamentações. Dizia que o povo devia ser vigilante e cobrar, sim, mas não existia tempo para sentar, discutir ou debater muito. Era hora de se mobilizar como nunca e reconstruir o país com as próprias mãos, se fosse necessário. Uma involuntária interpretação do famoso discurso de John Kennedy, posto em prática ali na ilha de Sumatra: "Não pergunte o que o seu país pode fazer por você, mas o que você pode fazer pelo seu país!"

"Nós temos que ser fortes, se ficarmos chorando e olhando para o passado nossa vida não mudará. Não podemos esperar que a solução caia do céu ou que a ajuda de fora resolva todos os nossos problemas. Só o trabalho e a atitude positiva vão nos tirar dessa situação. Nós vamos sobreviver. A Indonésia vai sobreviver." Foi o que ele disse para nossas câmeras em 2005. Tocada pelo espírito abnegado de Aloy, a equipe *Indo.doc* se mobilizou para lhe dar um presente. Uma recompensa humilde por todo o seu esforço em nos ajudar e uma forma de parabenizá-lo e estimulá-lo em suas atitudes. Pesca, então, sacou uma prancha em perfeito estado e pouquíssimo utilizada que havia levado especificamente para essa viagem e a entregou a Aloy em nome de todos nós. Ele agradeceu imensamente, com uma ressalva: "Muito obrigado. Vou usar com muito carinho. Mas não será um presente só para mim, vou doá-la ao Clube de Surfe de Aceh para que todos os nossos amigos surfistas possam desfrutar dela." Aloy havia perdido tudo, inclusive suas preciosas e amadas pranchas. Mesmo assim, em um momento como aquele, não titubeou em mostrar de maneira natural o seu tão louvável altruísmo e que nos fazia ter esperança em tempos melhores para seu país e para essa gente que ele representava tão bem. Confirmar que a Indonésia, principalmente Banda Aceh, estava em franca recuperação cinco anos depois foi como a cereja no topo do bolo. Era como dar uma espiadinha no futuro e respirar aliviado, com a certeza de que, como Aloy tinha garantido, tudo ficaria bem. Tudo estava bem!

O outro lado da filantropia

É importante que os antenados de todo o mundo abram bem os olhos na hora de escolher a organização filantrópica que usarão de pretexto para tirar onda com o mais recente item da moda pseudoengajada. Se o objetivo é ajudar de verdade, veja direitinho para onde está indo o seu dinheiro. Pulseiras, colares, camisetas... Muita gente não sabe, mas, ao contribuir com uma organização de assistência às vítimas do tsunami (ou qualquer outra), você pode, na realidade, estar ajudando um espertinho qualquer a comprar tacos de golfe, uísque 12 anos, fantasias de nazista ou passagens para resorts paradisíacos em sossegadas ilhas do Pacífico. A última que fez isso foi a cultuada cantora Lady Gaga, acusada de tascar o tradicional "toda a renda da venda dessas pulseiras será revertida para as vítimas do tsunami do Japão" e de reverter a renda direto para os bolsos de seus bizarros vestidos de grife.

Estatísticas oficiais garantem que, em 2005, pelo menos 10% das doações feitas em todo o mundo para Indonésia, Sri Lanka, Índia e demais países vitimados pelo tsunami acabaram sendo desviadas para as contas de escroques cuja compaixão não faria marola em aquário. O adereço preferido de dez entre dez antenados de todo o mundo, aquelas pulseirinhas coloridas de gosto altamente duvidoso, também era o item favorito dos falsários internacionais. Os braceletes falsificados podem ser mais uma forma de fisgar o incauto cidadão com vocação para perder dinheiro para malandro. Se sua intenção for mesmo de fazer o bem, e não simplesmente ostentar o item fashion da vez: cuidado! Seja criterioso, analise e pesquise antes de fornecer o número do seu cartão na internet!

PLACA COM O NÚMERO DE VÍTIMAS DO TSUNAMI DE 2004, SOMENTE NA PROVÍNCIA DE ACEH.

JAPÃO

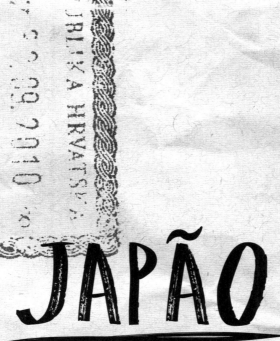

PÓS-TSUNAMI

← CENÁRIO DE COMPLETA DESTRUIÇÃO DENTRO DA ESCOLA PRIMÁRIA DE ISHINOMAKI.

JAPAN IMMIGRATION INSPECTOR
上陸許可
LANDING PERMISSION
許可年月日　　−1. MAR 2011
Date of permit:
在留期限　　31. MAR 2011
Until:
在留資格　短期滞在
Status:　　Temporary Visitor
在留期間
Duration: **30days**
NARITA(I)

NIPPON-KOKU

Governo	Monarquia constitucional
Capital	Tóquio
Idioma	Japonês
Moeda	Iene (JPY)
População	127.433.494
IDH	12º lugar
Internet	Wi-Fi rápida e acessível

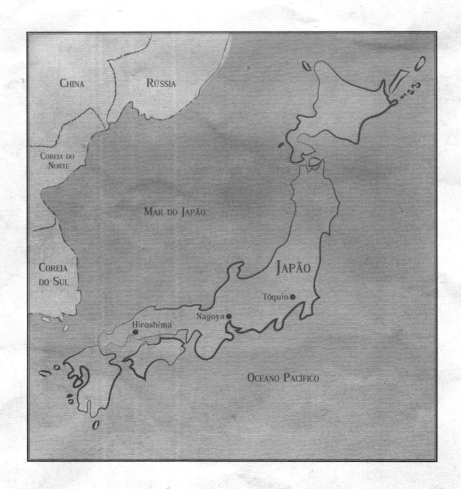

O CONQUISTADOR

Antes de entrarmos nos pormenores de uma de nossas missões mais árduas e complicadas, realizada nos confins do Japão arrasado pelo grande terremoto e o consequente e devastador tsunami de março de 2011, é necessário abrir um parêntese para uma situação cômica e bastante elucidativa. "E a mulherada?" Essa é uma pergunta que ouvimos frequentemente. "Conhecendo o mundo, escalas pela Europa, programa de TV, desafiando lugares perigosos... conta aí: chove mulher, né?" Não, não chove mulher. Primeiro: nossas escalas na Europa são sempre antes de seguirmos para os nossos destinos e não depois. Posso garantir que, quando se está a poucos dias de encarar lugares como Bagdá, Cabul ou Djibuti, a apreensão pré-viagem não torna o clima muito propício à diversão. De qualquer tipo que seja. Segundo: geralmente tentamos registrar o lado cultural ou algo relacionado ao episódio que estamos produzindo. Terceiro: as escalas quase sempre são as mesmas: já fomos mais de seis vezes a Istambul, escala obrigatória de nossos voos com destino ao Oriente Médio. Então, não dá muita vontade de ficar saindo e fazendo os mesmos passeios de sempre. Quarto: como é fácil perceber, os locais abordados no programa são um pouco tensos. Não dá para relaxar demais ou ignorar a importante fase de produção. Acaba que passamos o tempo todo confirmando contatos, traçando estratégias de segurança e revendo nosso itinerário. Por último, e muito mais importante do que todos esses pontos anteriores somados: somos todos comprometidos.

Entretanto, houve um breve momento, entre um namoro e outro, em que nosso intrépido galã, Leondre Campos, teve o gostinho de viajar solteiro. Um único e fugaz momento de liberdade para este sedutor aprisionado, mas que renderia um episódio para a eternidade.

A tragicomédia se deu durante uma das viagens mais curtas que fizemos. Dessa vez, não havia escalas em agradáveis *hubs* europeus. Portanto, Leondre sabia que as oportunidades para usufruir de sua recém-conquistada alforria seriam poucas e decidiu não se fazer de rogado. Por um desses costumeiros e confusos desencontros de agenda, mais uma vez só iríamos ter a equipe completa em nosso destino final. Pesca partia da Europa, UFO da Ásia, eu do Brasil e Leo seguia de uma breve parada para compra de equipamentos nos Estados Unidos. Seu voo partiria de Nova York, faria uma escala em Houston e de lá ele alçaria voo para um território nada amistoso. Leondre sabia que este curto espaço de tempo seria sua última chance de contato com representantes do sexo oposto, já que nenhuma gatinha norte-americana em sã consciência estaria presente no voo seguinte com destino a deus me livre. Ainda na sala de embarque, nosso solteirão mapeava o ambiente, analisando seus companheiros (e, principalmente, companheiras) de viagem. Como uma ave de rapina espreitando a caça, procurava a presa ideal: jovem, de porte franzino e, de preferência, afastada de seu bando. Até que, finalmente, seus olhos fecharam na vítima perfeita. Loira, esbelta, pele clara e olhos de um azul profundo. Uma ninfa! Uma autêntica fada sem asas. Ele fez a aproximação com cautela e em silêncio. Ao perceber que a distância era segura, mandou o bote: *"How you doing?"*, no melhor estilo Joey Tribbiani, do seriado *Friends*. A determinação de Leondre, somada ao instinto de perpetuação da espécie, deu nova vida ao xaveco de nosso intrépido companheiro. Com poucos minutos de papo, o jovem mancebo conseguiu cair nas graças da graciosa loirinha, e juntos deram um jeito de viajar lado a lado. O minúsculo espaço entre as poltronas 16F e 16E nunca pareceu tão providencial.

Os dois pombinhos acomodaram-se em seus assentos e aguardavam a hora da decolagem. A conversa já fluía naturalmente e sorrisinhos de ambas as partes davam pista de que o voo poderia ser mais agradável do que se fosse na classe executiva. Leondre cavalheirescamente cedeu a janela, sentou-se ao lado de sua dama e ambos ignoraram o senhor de meia-idade que completava a sequência de três assentos da fileira 16. Antes que o avião ganhasse velocidade para alçar voo, ela pediu para dar a mão a Leondre. Nosso aspirante a dom-juan foi aos céus antes mesmo de afivelar o cinto de segurança. Enquanto agradecia a Deus por sua boa fortuna, sua companheira se apressou em explicar o porquê do impetuoso gesto: "Eu sou da congregação de Salt Lake City, em Utah, e gostaria de dar a mão a você para louvarmos ao Senhor antes dessa viagem."

O semblante de Leondre transformou-se em um misto de surpresa e preocupação. Ele começou a fazer cálculos e ponderações para adaptar seu plano de ataque quando foi interrompido pelo cavalheiro sentado na poltrona 16D, ao seu lado direito: "Me desculpe, mas não pude deixar de notar que vocês são religiosos. Sou da congregação ortodoxa de Houston. Posso me juntar a vocês neste momento de louvor?" Antes que pudesse balbuciar qualquer palavra, Leondre se viu de mãos dadas com Miss Utah do lado esquerdo e com o senhor careca e gordinho que suava à sua direita. Aquele voo tinha ido de uma potencial sessão de luxúria nas nuvens a uma encenação da Missa do Galo em questão de segundos. Quando achava que sua sorte não podia piorar, ele ouve de sua musa: "Leo, você faria a honra de puxar a oração?" Este projeto de pecador não entrava em uma igreja desde quando fora batizado, da Bíblia só havia visto as figuras e não saberia rezar uma oração nem que a vida de seu cãozinho de estimação dependesse disso. Mas Leondre ainda estava determinado a não fazer feio, acreditava que, com a graça do Senhor, ainda havia uma mínima chance com sua "elfa" do Meio-oeste americano. Ele, então, pediu licença para recitar sua oração no português de sua terra natal e, em ritmo sagradamente pausado e circunspecto, emendou: "Uma vez Flamengo, sempre Flamengo. Flamengo sempre eu hei de ser..."

Para encurtar o relato de tão traumático episódio, basta dizer que Leondre não decepcionou com seus amigos carolas. Mas também não conseguiu nada com a noviça americana. E esta acabou sendo a história mais próxima de um episódio de esbórnia e paixão vivido por um membro do *Não conta lá em casa* no exercício de suas funções.

JAPÃO: ANTES E DEPOIS

Qualquer pessoa com o mínimo sentimento de solidariedade acompanhou com atenção os acontecimentos na Terra do Sol Nascente em março de 2011. Mas, antes de entrar em detalhes sobre o terremoto de 9,0 graus na escala Richter, o tsunami devastador e o drama dos reatores nucleares de Fukushima, é preciso relatar minha experiência pessoal neste país quando, por sorte, escapei dos trágicos eventos por apenas um dia. Em vez de narrar cenas de terras arrasadas, talvez seja uma maneira ainda mais forte de nos aproximar deste drama de proporções épicas mostrar o retrato de um país evoluído, pacífico e hospitaleiro em seu cotidiano normal. Mostrar que, apesar da evidente questão geográfica e das diferenças, o Japão não é tão do outro lado do mundo assim.

No início de 2011, o Japão era exatamente o distante destino que havia escolhido para passar minhas férias. E era lá onde eu estava até um dia antes da catástrofe que chocou o planeta! Pode ser surpresa para alguns, mas o que um membro da equipe do *Não conta lá em casa* resolve fazer em suas curtas férias? Viajar mais. E o Japão já estava há algum tempo no topo da minha lista de lugares a conhecer. "Provavelmente, jamais terei a oportunidade de conhecer essa moderna, desenvolvida e pacífica nação oriental se for esperar que ela entre no roteiro de nossa série." Pensei, inadvertidamente, com meus botões. Além do mais, sempre tive curiosidade e uma atração inexplicável pela Terra do Sol Nascente. Devido à altíssima expectativa, a chance de me decepcionar

NOSSO TIME DE VOLUNTÁRIOS EM FRENTE AO CAMINHÃO QUE ATRAVESSOU O JAPÃO COM DUAS TONELADAS DE MANTIMENTOS PARA AS VÍTIMAS DO TSUNAMI. EU E LEO NAS RUAS DE SHINJUKU. CAPINHA DO IPHONE QUE LEVO COMIGO ATÉ HOJE.

era grande. Porém, o que aconteceu foi justamente o contrário: voltei do Japão com a certeza de ter feito uma das viagens mais interessantes e culturalmente enriquecedoras da minha vida. Mais do que isso, voltei com um novo apreço e admiração pelo povo e pela cultura japonesa.

Após quase vinte e quatro horas de viagem, pegar um trem em Tóquio e saltar na estação de Shinjuku na hora do rush pode ser um choque cultural tão grande quanto caminhar por uma favela do Djibuti. A maior megalópole do mundo me recebeu com uma explosão de luminosas cores, avisos ilegíveis, pessoas, movimento... que chegaram a me deixar meio tonto logo de início. "Perdido" seria o termo mais apropriado, como diria a diretora Sophia Coppola em seu aclamado *Encontros e desencontros*. Mas, apesar da modernidade quase futurística, o caos ali é ordenado, pacífico, em nenhum momento agride ou assusta. O silêncio, a limpeza e a organização imperam. E por entre todos estes conceitos perpassam o respeito e a disciplina do povo japonês.

Talvez mais difícil do que comparar o Japão com outro lugar seja justamente comparar o povo japonês com qualquer outro. Ele não é frio como o europeu, nem caloroso como o latino, mas faz questão de sair do seu caminho para levar um turista perdido ao seu destino. Sempre com um sorriso genuíno no rosto. E, mais do que a ação em si, é o sorriso sincero que diz muito sobre esse povo. Deve ser difícil explicar para um japonês o significado da palavra "marrento" ou "esnobe". Parece que a missão natural da vida deles é garantir que sua estada seja perfeita. A fama mundial de que não falam inglês vem muito mais deste perfeccionismo cultural que de algum tipo de má vontade (outro termo que não deve fazer muito sentido por lá). Dá para perceber que toda essa gentileza quase cerimoniosa não tem a ver apenas com boas maneiras diante de um visitante; eles reservam o mesmo tipo de tratamento entre si. Um perfeccionismo que associado à disciplina, à obediência e à honra também pode ajudar a entender o incompreensível envolvimento do país em episódios menos louváveis de sua história, como as guerras contra a Coreia, a China, os EUA...

No Brasil, alguns dias após os tristes episódios provocados pelo terremoto, vi uma noite na TV o diretor da TEPCO (empresa responsável pela usina nuclear de Fukushima) chorando copiosamente após uma entrevista coletiva em que prestava esclarecimentos à população. Na mesma hora lembrei-me de um ministro japonês que aparecia em todos os canais de TV durante o período em que estive por lá ainda antes dos trágicos acontecimentos. O motivo de sua fama repentina era este funcionário do governo haver renunciado ao seu alto cargo por conta de uma contribuição política mal explicada de míseros 423 euros. A honra e a vergonha norteiam a moral japonesa, e sua conduta refletiu todos esses traços de sua personalidade na sociedade.

Ainda antes da tragédia, narrando a minha experiência nipônica em e-mails para amigos e família, tentava resumir minhas impressões dizendo que o Japão era o país da perfeição. Tudo era pensado, planejado e executado com maestria. Um exemplo básico retirado de meu cotidiano de turista: mesmo sem saber falar a língua, conhecer o alfabeto ou a geografia local, era impossível se perder pela cidade. Fosse pela fácil orientação dos trens, a sinalização precisa, a clareza dos mapas ou simplesmente por ser impossível ficar mais de um minuto com cara de perdido na rua sem que aparecesse um solícito japonês oferecendo ajuda. O mesmo vale para o atendimento, o comércio, os museus, os produtos, a comida, a arquitetura, o *design*... A busca obsessiva pela perfeição está enraizada na personalidade do japonês.

Estas características podem parecer apenas detalhes simpáticos de um modo de vida zen, mas fazem toda a diferença na capacidade de um país reagir às mais desafiadoras provações. Deixei o Japão horas antes do trágico acontecimento do dia 10 de março. Foi quase como decolar com o avião enquanto a terra ia se abrindo embaixo de mim. No melhor estilo dos filmes de tragédia mais cafonas de Hollywood. Somente ao chegar ao Brasil fiquei sabendo do que estava acontecendo do outro lado do globo, onde eu estava apenas vinte e duas horas antes.

NO PARQUE DE SHINJUKU (SHINJUKU GYOEN), UM DOS MELHORES LOCAIS PARA ADMIRAR A FLORAÇÃO DAS SAKURAS E TAMBÉM UM PONTO DE ABRIGO EM CASO DE TERREMOTOS.

CENA DA PACÍFICA E ORGANIZADA PASSEATA ANTIENERGIA NUCLEAR EM TÓQUIO.

Mas com pouco mais de uma semana de viagem eu já tinha percebido que esses singelos atos do dia a dia formavam a insuspeita força motriz que faria com que os japoneses se recuperassem de um desastre sem precedentes mesmo em sua história recheada de tremores. Aquela pequena ilha do Pacífico, palco de terremotos, tsunamis, furacões..., ia dar exemplo ao mundo novamente. E, agora, eu podia afirmar com certeza.

JAPÃO II, O RETORNO

A tragédia, de alguma forma, me atingiu pessoalmente. Não chegava a ser um trauma por "quase" ter sido vítima de uma tragédia. Obviamente, eu não me considerava um sobrevivente. Mas a proximidade com aquele drama todo realmente me tocou de uma maneira especial, e passei a acompanhar os desdobramentos do desastre japonês quase que obcecadamente. Ao mesmo tempo, passei a sugerir, pressionar e convencer meus colegas de aventuras de que essa poderia ser uma ótima oportunidade para estabelecermos um novo marco na história do *Não conta lá em casa*. Um objetivo nobre, original e que poucos teriam a coragem de encarar. E eu ainda poderia fazer o contraponto do Japão imediatamente antes e depois deste chocante acontecimento. Como o povo estava reagindo, como o governo estava atuando, as soluções, os problemas, o engajamento das pessoas e tudo o mais que o país enfrentava. Com certeza não havia um único aspecto da sociedade japonesa que não tivesse sido impactado e, agora, eu teria a chance de perceber claramente como esta nação exemplar estava respondendo a este triste acontecimento de proporções épicas.

COM LUCIANO UCHIZONO, O LÍDER DE NOSSA EXPEDIÇÃO, EM FRENTE À ESCOLA DE ISHINOMAKI.

AJUDA HUMANITÁRIA COM SELO DE QUALIDADE BRASILEIRO!

Eles compraram a ideia e, juntos, passamos a acompanhar via mídia tradicional, Twitter e, principalmente, chocantes vídeos no You-Tube o desenlace desse que foi o maior terremoto da história do Japão. Finalmente decidimos que não havia como deixar de conferir, entender e aprender com o que estava acontecendo por lá. Um dos países mais evoluídos do mundo enfrentava momentos dramáticos de sua história. Seria um enfoque inédito no nosso projeto e, por ainda se tratar de um momento totalmente emergencial, poderíamos, pela primeira vez, tentar levar algum tipo de ajuda às regiões afetadas. Ao mesmo tempo, sabíamos dos riscos envolvidos nessa missão. Não era como ir visitar o palco de uma tragédia já passada e verificar seus efeitos e consequências. Cientistas garantem (e nós estávamos especialistas no assunto) que os momentos seguintes a um grande desastre natural são os mais perigosos (assim como os que sucedem um atentado a bomba). Ainda mais em se tratando de um terremoto dessa magnitude. As placas tectônicas ainda permanecem em acomodação durante algum tempo, provocando inúmeros e imprevisíveis tremores secundários, as chamadas réplicas. No caso específico do Japão, existe uma tese amplamente defendida segundo a qual todos os terremotos registrados ao longo dessas décadas obedecem a uma sequência que culminaria em um enorme terremoto sem precedentes na falha que fica exatamente abaixo de Tóquio, uma das cidades mais populosas do planeta e que serviria de base durante nossa passagem por lá. Esta seria a nossa viagem com menos tempo de preparação, mas talvez a que tenha gerado mais reuniões, trocas de e-mails, debates e análises antes de finalmente batermos o martelo e decidirmos encarar a missão com todos os seus bônus e riscos. Menos de uma semana depois, e ainda completamente fora do fuso horário (o que por um lado era bom), eu estava voltando para o Japão.

FLORES, ELETRÔNICOS, RAVES E TERREMOTOS

Nos primeiros dias, em Tóquio, tudo eram flores. Literalmente. As tristes consequências do destino nos colocaram no Japão justamente no período de floração das *sakuras*, as lendárias cerejeiras em flor que dão o ar de sua graça durante uma única semana no ano. O efêmero ciclo de vida daquelas simpáticas florezinhas é uma metáfora para o povo japonês de como é frágil e breve a vida. Óbvio que, naquele momento, tudo ganhava uma dimensão ainda mais poderosa. Tanto para eles, quanto para nós.

Mas uma megalópole ultramoderna como Tóquio nos reservava muito mais do que apenas o bucolismo visual das plantinhas rosadas. Por mais bonitas e representativas que fossem, não era bem a nossa praia, e muito menos a do programa, ficar vagando atrás de parques e jardins floridos. Resolvemos então sair à procura de ação, o que não era nem um pouco difícil de achar por lá nessa época. Acompanhamos uma passeata antienergia nuclear que acabou virando uma mistura de rave e micareta com direito a DJ e carro de som, frequentamos shoppings gigantes para conferir os racionamentos de energia que aconteciam (e dar uma conferida nas novidades eletrônicas, que ninguém é de ferro), subimos ao 56° andar do Park Hyatt, palco das filmagens do clássico da Sophia Coppola e com vista para o monte Fuji. Até na reabertura da Tokyo Disney nós fizemos questão de estar presentes. Ou seja, dentro do possível, estava tudo correndo com certa tranquilidade e dentro do que havíamos planejado.

Até que, durante uma refeição de fim de tarde em um agradável e tradicional restaurante japonês, comecei a sentir uma leve tontura. Parecia que estava mareado, balançando em câmera lenta e meio desequilibrado. Eu não tinha bebido nada na noite anterior, e uma singela

DESCARREGANDO O CAMINHÃO COM DOAÇÕES PARA AS VÍTIMAS DO TSUNAMI.

latinha de refrigerante acompanhava meu prato de sashimi de salmão. A sensação não era bem como estar bêbado, era mais uma instabilidade. Até que percebi que não era eu quem estava rodando, mas o mundo à minha volta. Era um terremoto! A percepção do que estava acontecendo veio ao mesmo tempo que eu via os pratos, copos, talheres e a mesa toda começarem a tremer em movimentos cada vez mais intensos e frenéticos. Placas, lustres, cortinas, tudo balançava. Não havia pânico no local, os japoneses permaneciam estáticos, apesar de apreensivos em sua calma disciplinada. Eu acompanhava atento a reação de todos no recinto como modo de sobrevivência: "O primeiro que correr eu vou atrás!", disse muito bem UFO, já em posição de sprint.

De modo aflitivo e cadenciado, o balanço da terra começou a diminuir lenta e gradativamente até percebermos que havia parado de vez. Excitados e assustados, tentávamos avaliar o evento. Embora forte, o tremor não se comparava ao do grande terremoto de 11 de março, ainda que houvesse atingido respeitáveis 7,4 graus na escala Richter (mais forte que o do Haiti, por exemplo, que fez mais de 300 mil vítimas em 2010). Foi o suficiente para percebermos o quão insignificante é a nossa vida diante de uma força da natureza daquela magnitude. Me senti uma formiga à mercê do universo. Meu destino estava totalmente fora das minhas mãos. Em um assalto à mão armada, um acidente de carro, praticando esportes extremos ou em qualquer outra situação de alto risco, podemos ter um mínimo de controle sobre o que está acontecendo. Temos alguma opção, por mais arriscada ou improvável que possa parecer, de fazer algo. No caso de um terremoto, não há absolutamente nada que se possa fazer contra a natureza. Era só rezar para que ela fosse misericordiosa naquele momento. Esse não foi o último ou o maior terremoto que a gente vivenciaria. Em maior ou menor grau, ao todo foram cinco tremores vivenciados em menos de um mês no Japão. Uma quantidade anormal até para um povo acostumado e preparado para este tipo de acontecimento.

CENAS DESOLADORAS, MAS A SENSAÇÃO BOA DE ESTAR FAZENDO ALGO POSITIVO.

A ação começou para valer quando rumamos para o norte do país. Seguimos em um comboio de ajuda humanitária com alguns voluntários japoneses. Nosso ingresso nessa elite de loucos solidários se deu graças a muita disposição e, para variar, a uma boa dose de sorte. Uma das mais alarmantes consequências do grande terremoto do norte do Japão havia sido a crise nuclear gerada com a destruição de alguns reatores da usina de Fukushima, uma das principais do país. Além de ter comprometido parte do fornecimento de energia de várias cidades, entre elas Tóquio, o maior temor era uma escalada na gravidade do desastre. Explosões haviam sido registradas no local. O governo tinha estabelecido um raio de segurança, transformando aquela área em uma cidade fantasma da noite para o dia. E, apenas um dia antes de nossa entrevista para fazer parte do grupo de voluntários, o nível de emergência nuclear em Fukushima havia subido de 5 para 7, o nível mais alto registrado no mundo até hoje (igualando-se ao acidente nuclear de Chernobyl). Com essa notícia, vários voluntários tradicionais daquela equipe haviam abortado a missão. O que abriu vagas para quatro inconsequentes e voluntariosos brasileiros.

Seguíamos em uma fila de três veículos partindo de Tóquio em direção às cidades de Sendai, Myiagi, Ishinomaki e a outras das mais atingidas pelo tsunami, onde faríamos diversas paradas em escolas e ginásios transformados em abrigos para sobreviventes. Eram duas vans e um caminhão lotados com mais de duas toneladas de roupas, brinquedos, água e latas e mais latas de alimentos não perecíveis. A viagem, que antes da tragédia durava três horas, ia ser feita agora em seis, devido às condições da estrada e aos desvios forçados durante o caminho. Sempre que havia um posto de gasolina, éramos obrigados a parar para abastecer, pois nosso guia e os outros membros mais experientes de nossa *entourage* não sabiam quando (ou se) teríamos nova oportunidade de fazê-lo. Era preciso estar com o tanque sempre cheio. As imensas filas denotavam que a crise de combustível era mesmo grave, mas um adesivo especial para veículos de ajuda humanitária nos dava prioridade na hora do abastecimento. A organização e o respeito a todo o sistema de emergência criado eram, obviamente, exemplares. Não havia confusão, reclamações ou desespero, de forma que tudo andava relativamente rápido. Nossa van tinha pouco espaço para bagagem além de nós quatro, nosso motorista e os mantimentos. Mas um item fundamental, e há muito cobiçado por nós, viajava em lugar de destaque no painel da frente o tempo todo: um aparelho sensor de radioatividade. Durante o trajeto, passamos pelo limite da zona de exclusão em Fukushima. Uma leve alteração no medidor já foi motivo de histérico, porém injustificado, alarde. O leve aumento da radiação nas proximidades não era o suficiente para provocar mutações genéticas. Pelo menos era o que nos diziam. E esse foi o único momento tenso durante o tranquilo trajeto.

Apesar da pronta resposta do país aos acontecimentos, a situação ainda era de uma catástrofe de megaproporções! Cidades inteiras tornaram-se entulho retorcido. E não eram vilarejos de pescador, não. Cidades japonesas supermodernas, com lojas de grife, pontes, shoppings, hospitais e escolas. O visual, conforme a gente ia seguindo para o norte, era cada vez mais desolador e se estendia por quilômetros e quilômetros. Bairros onde nem sequer dava para ver o mar no horizonte tinham se tornado verdadeiros cenários de destruição. Eram barcos nos tetos de prédios, carros enfiados nas paredes de lojas e casas arrastadas para o meio de cemitérios. Por conta das condições da estrada, muitas vezes éramos obrigados a nos afastar do litoral e, após quase uma hora dirigindo e seguindo na direção contrária à do oceano, quando imaginávamos estar circulando por locais que haviam escapado incólumes do terror daquele dia fatídico, avistávamos cenas como a de um carro de cabeça

EM UMA DAS ÁREAS MAIS DESTRUÍDAS PELO TERREMOTO E TSUNAMI DO JAPÃO. ASSIM QUE TIRAMOS ESTAS FOTOS, FOMOS OBRIGADOS A EVACUAR O LOCAL POR CONTA DA REPENTINA SUBIDA DA MARÉ.

para baixo pendurado em um viaduto. Era o sinal de que até ali a água tinha chegado em forma de tragédia.

Aliviava um pouco o sentimento de impotência diante daquela força devastadora da natureza o fato de estarmos ali como membros ativos de uma missão de ajuda humanitária. E os chefes de nossa expedição não nos deixavam esquecer isso nem um minuto: carregamos caixas, empacotamos suprimentos, descarregamos caminhões, fizemos entregas e, em meio a tudo isso, participamos de momentos de sincera emoção. O alívio que a gente levava até esses lugares ao entregar peças de roupa, calçados, comida ou brinquedos era realmente primordial. Centenas de vítimas da tragédia, de crianças órfãs a senhoras de idade, se apresentavam ordenadamente para retirar somente o que lhes fosse estritamente necessário em meio a dezenas de caixas de papelão com os mais variados tipos de doações. Sem qualquer tipo de vigilância ou necessidade de forças de segurança para manter a ordem, elas chegavam caladas e retiravam apenas os itens que lhes eram de extrema urgência naquele momento. Nada de "avanço". Mais uma demonstração da educação do povo japonês, que não permitia que as ondas assassinas, apesar de sua força destrutiva, abalassem seus valores de respeito e disciplina. Acordávamos cedo e dirigíamos horas em busca dos abrigos que mais precisavam do nosso auxílio. Perceber a diferença que uma camiseta, uma peça de roupa íntima ou um brinquedo de criança fazia naquela situação justificava nossa passagem por lugares tão tristemente impressionantes. O agradecimento sincero e emocionado de pessoas que perderam literalmente tudo era realmente tocante. Conseguíamos finalmente entender o que nossos companheiros voluntários diziam sobre a missão de ajuda ser uma recompensa impagável em si só. Às vezes dava a sensação de que os ajudados éramos nós, e não o contrário. Era estranho perceber tão evidentemente que o ato de servir pode ser recíproco. Confesso que dava um certo orgulho de fazer parte pela primeira vez de uma ação dessa grandiosidade. Além de certa audácia e sorte, não foram necessários mais do que algumas horas de viagem e um pouco de esforço físico para oferecer um alento fundamental àqueles que estavam passando pela maior provação de suas vidas. A recompensa era ver a emoção nos olhos destas pessoas que nos agradeciam por termos saído de um país tão distante para oferecer-lhes ajuda nesse momento de dor. Dizíamos que, mais do que nossa presença física ali, levaríamos conosco em lembranças a história e o exemplo do povo japonês ao lidar com esse momento tão difícil. Um exemplo que, sendo admirável, poderá criar novos laços de identificação entre nossas duas nações tão distantes geograficamente. E que, por seu caráter educativo, pode salvar vidas. Foram dias intensos e extenuantes, tanto física quanto emocionalmente, mas que terão sempre um lugar especial em minha memória.

HIROSHIMA, NUNCA MAIS

O lema é forte. Mas não se refere à cidade em si, mas ao episódio que a tornou famosa em todo o mundo. Em 6 de agosto de 1945, às 8h15 da manhã, o bombardeiro B-29 *Enola Gay* das forças aéreas norte-americanas lançou a bomba atômica denominada *"Litte Boy"* sobre o centro da cidade de Hiroshima, em um dos mais tristes episódios da história da humanidade. Em questão de segundos, uma cidade inteira tornou-se pó: mais de 70% de suas construções foram completamente destruídas. O número de vítimas chegou a 160 mil, mais da metade da população da cidade na época. Metade dessas mortes ocorreu imediatamente, no momento da explosão.

De volta a Tóquio após nossa missão pela costa norte-japonesa, achamos que seria fundamental pegar o trem-bala (em um de seus poucos trechos não avariados pelo terremoto) e ir até Hiroshima, conhecer

ENTRADA DA ESCOLA DESTRUÍDA PELO TERREMOTO, TSUNAMI E INCÊNDIO. UMA DAS HISTÓRIAS MAIS TRISTES DA TRAGÉDIA.

NÃO CHEGAMOS A ENTRAR EM FUKUSHIMA (NEM TINHA COMO), MAS PASSAR POR PERTO JÁ ERA SUFICIENTEMENTE TENSO!

ÚNICO PRÉDIO QUE PERMANECEU DE PÉ EM HIROSHIMA APÓS O FATÍDICO ATAQUE NUCLEAR.

de perto essa história intimamente relacionada com a questão nuclear. Novecentos quilômetros em quatro horas e mais de sessenta e cinco anos depois, encontramos uma cidade linda e vibrante, totalmente refeita de seu trauma. Um imenso e bem-cuidado parque abriga o Museu do Memorial da Paz, um dos mais organizados e explicativos do mundo. Ele é totalmente dedicado à tragédia e tem seu foco no lema: "Hiroshima, nunca mais"! São três andares detalhando o desenlace político que resultou no bombardeio, os dados técnicos deste e, por fim, registros horríveis das vítimas e do legado radioativo. A conclusão perfeita a outro museu igualmente interessante que havíamos visitado alguns dias antes, o Museu da Guerra, em Tóquio. Nosso ciclo se encerrava de forma magistral.

Devido às imposições do momento, conhecemos um outro lado do Japão assim que desembarcamos em sua capital, a mega metrópole de Tóquio. E isto foi durante toda a nossa estada: verdadeiras aulas práticas de educação e cidadania com o povo japonês em um momento crítico de sua história. Percebemos que, às vezes, mais importante do que testemunhar ou atuar em uma tragédia, são as lições que podemos aprender com ela. Menos de um mês após um desastre natural desse porte, a gente tinha conseguido viajar pelo país de maneira tranquila, testemunhando e registrando como os principais setores do governo e da sociedade japonesa agiam de modo conjunto, ordenado e eficaz para superar este trágico acontecimento que afetava suas vidas de tantas maneiras. Pudemos inclusive chegar aos locais mais drasticamente destruídos do país. E levando ajuda efetiva em uma arriscada expedição humanitária. Mais missão cumprida que isso, impossível! Chegamos ao Japão com a floração das *sakuras* e partimos exatamente quando elas começavam a desaparecer. Um exemplo prático e metafórico de como a força da natureza pode ser tão bela quanto destrutiva. E de como a nossa passagem pelo planeta é fugaz.

```
Einsteigekarte/Boarding Pass

PIRES/A

FRANKFURT MN FRA

KABUL

FG 706      Y    11JUN200(
Gate    Boarding Time   Seat        Smoke

E4      1850    16G           NO
PCS   WT   UNCKD      Baggage ID Number
```

AFEGANISTÃO

← AO LADO DE UM MÍSSIL QUE ESPALHA MINAS TERRESTRES. ESSE TIPO DE ARMAMENTO FOI PROIBIDO PELA "CONVENÇÃO DE MINAS TERRESTRES", ASSINADA POR 75 NAÇÕES EM 2008.

REPÚBLICA ISLÂMICA DO AFEGANISTÃO

Governo	República islâmica
Capital	Cabul
Idioma	Persa, pachto e dari
Moeda	Afegane
População	28.150.000
IDH	155º lugar
Internet	Wi-Fi lenta nos principais hotéis

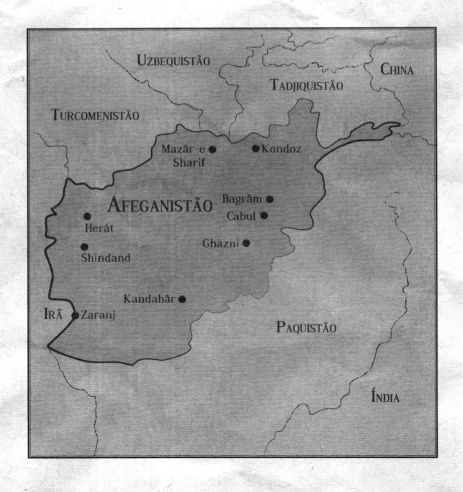

MEMÓRIAS DE UM VIAJANTE

Em muitas de nossas viagens (na verdade, praticamente em todas), fica difícil arranjar um tempo ou local adequado para escrever. Estou sempre com o iPhone em mãos e vou usando esse substituto nerd do descolado Moleskine para as anotações que, graças ao teor aventureiro das missões em que nos metemos, vão se acumulando freneticamente. O problema é conseguir um momento calmo em um lugar sereno para desenvolver e nos aprofundar nas impressões anotadas no calor do momento. Apesar de nosso programa de TV ter sido muito apropriadamente batizado de *Não conta lá em casa*, a desculpa para não enviar e-mails para os parentes, atualizar o blog ou dar aquele *update* do orçamento para nossa chefia fica mais compreensível quando ainda estamos em um lugar como o Afeganistão. A simples menção ao nome já faz todo o trabalho, nos poupando de maiores explicações. Mesmo que muitas vezes não corresponda à realidade, a imagem que esse tipo de destino invoca geralmente é a de quatro jovens do Leblon mortos de medo e entrincheirados em um *bunker* enquanto bombas e tiros de diversos calibres pipocam à sua volta. Isso já basta para afastar de nossos interlocutores qualquer tipo de cobrança ou pedido, exceto o de que a gente saia de lá rápido e com vida.

Quando o trabalho termina e finalmente voltamos para casa, é hora de editar, sonorizar, finalizar, participar de ações de divulgação e... férias (que ninguém é de ferro). Curtas, porém merecidas, férias para a equipe se dedicar à praia, ao ócio criativo e a outros projetos de similar relevância. Então, aquelas anotações que fui armazenando vão criando raiz na memória virtual do iPhone e esmaecendo cada vez mais no meu HD cerebral. E permanecem assim até a hora em que, proposital ou mesmo acidentalmente, me deparo novamente com elas. Nesse momento, parece que todas as lembranças voltam de uma vez só, tal qual uma injeção em meu córtex cerebral. É como se transportar para aquela situação: os mesmos cheiros, as mesmas impressões, a alegria ou, mais frequentemente, a tensão. É, de certa forma, reviver aqueles momentos. A escritora Anaïs Nin já dizia no início do século: "Eu escrevo para experimentar a vida duas vezes: no momento e em retrospecto." Colocar essas sensações no papel é guardar para sempre uma parte do *Não conta lá em casa* que inevitavelmente acaba se perdendo na ilha de edição, quando temos a complicada tarefa de explicar em trinta minutos histórias tão complexas e, entre um corte e outro, nos vemos obrigados a deixar de fora da edição final lances que fariam parte de um clipe de melhores momentos de qualquer produção. Escrevendo, também posso registrar impressões, sensações e detalhes que câmera nenhuma consegue captar e que imagem nenhuma poderia traduzir. Um privilégio poder eternizar "as aventuras e confusões" de quatro amigos de infância descobrindo histórias, revelando questões e aprendendo muito sobre o mundo e sobre si mesmos em meio aos destinos mais perigosos e encantadores do planeta.

A CAMINHO DE CABUL

É bem raro partirmos os quatro juntos do Brasil para uma viagem. Por diferentes motivos, geralmente um de nós está a trabalho na Ásia, outro de férias em Los Angeles, outro dando palestras no Rio e um quarto comprando equipamentos em Nova York. Acaba virando uma ginástica geográfica conseguir juntar todo mundo em uma escala em Istambul, Pequim, Munique ou outro ponto qualquer do globo. Para essa viagem ao Afeganistão, conseguimos realizar a tarefa hercúlea de coordenar todas as agendas e seguirmos juntos aqui do Brasil para Cabul. Óbvio que com algumas (muitas) escalas. É legal que esta parte de preparativos, ansiedade e planejamento acaba sendo realizada em conjunto e fazendo parte do programa. É bem interessante perceber o que esperamos de cada lugar e o contraste com o que realmente encontramos em nosso destino. Propositalmente, servimos de cobaias de nosso próprio projeto, e deixamos que nossa surpresa, decepção, medo e excitação sejam analisados como parte do processo de aprendizado ao entrar em contato real com os polêmicos focos de nosso trabalho. Procuramos representar o viajante comum e carregamos conosco as mesmas expectativas e "pré-conceitos" (no sentido mais inocente que o termo pode ter) de um cidadão do mundo à procura de expandir seus horizontes. Deixamos que o objeto de nosso "estudo", os nossos destinos, falem por si próprios.

Mas o fato de estarmos viajando juntos também é legal por um outro aspecto bem mais leve e divertido. É que as inevitáveis escalas, muitas vezes de horas a fio, são aproveitadas em quatro. Viajando sozinho, é difícil se animar para encarar trem, metrô e táxi para dar um rolé de algumas horas por uma parada ainda inexplorada. Então, você acaba gastando o tempo de espera entre um voo e outro ouvindo iPod deitado nas cadeiras desconfortáveis das salas de embarque. Estando em quatro, a coisa muda. Geralmente largamos as malas em algum *locker* de aeroporto e rumamos como crianças empolgadas em passeios animados e corridos por algumas das principais capitais da Ásia ou da Europa. Nessa viagem para o Afeganistão, nosso último *pit-stop* seria de extenuantes seis horas em Frankfurt, na Alemanha. Acontece que era justamente o primeiro dia da Copa do Mundo de 2010. Nada melhor como experiência antropológica que vivenciar o contraste Europa/ Afeganistão passeando por uma ensolarada Frankfurt, sentar em um típico barzinho e tomar uma cerveja local acompanhado de dezenas de

O PALÁCIO DE DARUL AMAN, NOS ARREDORES DE CABUL. ERGUIDO EM 1920, FOI TESTEMUNHA E VÍTIMA DE DEZENAS DE CONFLITOS DIFERENTES (SOVIÉTICOS, AFEGÃOS, MUJAHIDINS...).

O CAMINHO COMPLICADO QUE NOS CUSTOU ALGUNS PNEUS FURADOS E A RECOMPENSA NO FIM DA ESTRADA: O LAGO DE BAND-E AMIR, NO AFEGANISTÃO.

alemãs assistindo à partida entre África do Sul e México em um imenso telão. Futebol e cerveja! Na escala de volta ainda repetiríamos a dose, só que o jogo era entre Inglaterra e Argélia. No final, ainda tivemos direito a comemoração (do empate), saindo pelas ruas da cidade com um enorme grupo de imigrantes argelinos. Como diria o sábio Kleber Bam Bam: faz parte!

Ainda em solo europeu, tomamos o primeiro choque cultural ao trocar o conforto das companhias aéreas alemãs pelas poltronas involuntariamente *vintage*, digamos assim, da Ariana Afghan Airlines, companhia aérea que fazia a última perna de nosso trajeto RJ-Cabul. Parecia uma viagem de volta à década de 1980. O entretenimento de bordo era uma projeção em uma tela amarelada de um programa que parecia uma espécie de *Chaves* da Índia. As poltronas, com o estofo todo rasgado e puído, não reclinavam e ainda por cima fediam. Os banheiros faziam os sanitários do Maracanã parecerem aposentos reais. Mas o desconforto seria a menor de nossas preocupações; soubemos, no ar ainda, que esta respeitável empresa havia tido toda a sua frota de aeronaves banida, por razões de segurança, do espaço aéreo da União Europeia. Com exceção de um único e caquético *Airbus*, justamente aquele em que voávamos. Oito horas de provação e finalmente desembarcamos no Aeroporto Internacional de Cabul.

O lugar era condizente com a companhia aérea local. Idosos e crianças carregavam nas costas imensos sacos de lona amarrados improvisadamente com cordas. Aparentemente, esse era o estilo das "malas" locais. O povo se amontoava em torno da esteira de bagagem, engalfinhando-se atrás de seus pertences como se fossem cair em um buraco negro caso não fossem recolhidos imediatamente. Zanzando em meio a funcionários barbudos e não uniformizados, senhoras de burca passavam apressadas esbarrando na gente como fantasmas azuis desgovernados. Seguranças apontavam seus rifles nos encaminhando cada hora para uma fila diferente enquanto passamos por uma verdadeira epopeia para achar nossas bagagens. Vimos de tudo naqueles intermináveis minutos. Exceto o contato que iria nos receber no aeroporto.

Não era de admirar que nosso contato estivesse MIA (Missing in Action), desaparecido em ação, em algum lugar do país. O problema não estava no fato de todas as combinações terem sido feitas apenas via e-mail (nunca tínhamos visto a cara do sujeito ou sequer falado com ele ao telefone). E nosso amigo também não era nenhum militar graduado, agente infiltrado ou mercenário estrangeiro com a cabeça posta a prêmio pelos talibãs. Se ele realmente tivesse faltado ao seu compromisso conosco, era por puro esquecimento. Afinal, não dava para esperar muita responsabilidade — e o que dizer de pontualidade — de um jovem australiano que fugira para Cabul em busca de uma ex-namorada, levando na bagagem algumas poucas mudas de roupa e o seu inseparável skate. Este era apenas o início da história de Oliver Percovich. Desde que havia deixado Sydney, em 2005, e seguido para a Cabul de sua garota, muita coisa havia acontecido. Basta dizer que Oliver era o criador e responsável pelo Skateistan, um projeto financiado por multinacionais do esporte e que ocupava um imenso galpão do Comitê Olímpico do Afeganistão em pleno centro da capital do país. Ele hoje comanda uma equipe de dezenas de voluntários vindos das mais variadas partes do mundo e atende centenas de crianças carentes de Cabul, dando-lhes acesso à diversão, alimentação e educação de primeiríssima qualidade. Para sermos justos, se Oliver estava atrasado para o nosso encontro, era por conta de sua atribulada agenda e não por sua inegável, porém louvável, dose de loucura. É que não dava para deixar de enfatizar a mais

BAND-E AMIR, E SEU GELADO LAGO. UM DOS CENÁRIOS MAIS INCRÍVEIS DO MUNDO ESCONDIDO ENTRE OS DESERTOS E OS PICOS GELADOS DO AFEGANISTÃO.

absoluta verdade: para levar adiante um projeto com esse perfil, ele provavelmente era meio doido, mesmo.

Antes que saíssemos pelos portões do aeroporto desacompanhados, algo altamente desaconselhado por todos os especialistas em Afeganistão com quem falamos, nosso celular tocou. Era ele: Oliver Percovich, o skatista de Cabul. Pedia desculpas pelo atraso, estava vindo de uma reunião com oficiais alemães que treinavam o exército afegão (olha a responsabilidade do rapaz) e já estava apontando com sua van branca no estacionamento. "Devemos esperá-lo onde estamos?", perguntamos ainda receosos. "Que nada! Peguem suas malas que eu estou aqui fora." Ele falou como se tivéssemos desembarcado no aeroporto de Los Angeles ou algo do gênero. Oliver era o típico jovem australiano: alto, magro, branco, meio ruivo e de olhos claros. Ele trajava a indumentária típica do skatista de qualquer centro urbano do planeta: camiseta de uma marca de eixos, jeans preto, cinto com uma corrente segurando a carteira e o tênis Vans rasgado e gasto. Nada mais contrastante com o mar de senhores de cara amarrada, pele escura e trajes típicos que compunham a população nos arredores. Mas, de alguma forma, Oliver transitava por aquele cenário com a naturalidade e fluidez de quem desfila de skate por uma pista suave e conhecida. O trânsito do horário de rush em Cabul era intenso, e ele dirigia sua van enferrujada e barulhenta com as janelas abertas, braço pendurado para fora, e interagindo com os locais como se fosse um deles. Dava um alô para os moradores conhecidos com quem cruzava pelo caminho e xingava quando alguém lhe dava uma fechada. Parecia um peixinho dourado nadando despreocupado e cheio de atitude em um aquário lotado de perplexos tubarões.

Era tarde, estávamos cansados, com fome e sono, então Oliver decidiu nos levar direto para o quartel-general do Skateistan. Era lá que iríamos ficar hospedados junto com toda a equipe do projeto. "É quase como uma comunidade hippie, com a diferença de que somos skatistas. Dividimos os quartos, a comida, cada dia um cozinha para o resto da galera. Vocês vão se sentir em casa!" E era uma bela casa! Dois andares bem amplos, um jardim enorme, apesar de um tanto malcuidado, grafites na parte interna dos muros e skates, peças de skate e ferramentas de skate espalhados por todos os cômodos. Eram eixos, rodinhas, *shapes*, rolamentos e equipamentos de segurança que pareciam não acabar mais. Nós ficamos no **porão** empoeirado e mofado, onde dividimos o espaço com uma mesa de pingue-pongue e, é claro, mais skates. Não ficamos muito tempo descansando nos colchões improvisados pelo chão, guardamos as mochilas e fomos conhecer o resto da equipe que se reunia no jardim. Eram meia dúzia de americanos, duas canadenses e um francês, que trabalhavam diretamente para o projeto durante aquele semestre. Exceto por algumas peças fixas e cruciais, como o próprio Oliver, seu braço direito Sean, o ex-skatista profissional Ty Cabaya e Shams, o importante ajudante/assistente/motorista/contato/tradutor local, a família Skateistan mudava a cada seis meses. O processo de seleção de voluntários era criterioso. Por incrível que pareça, o número de jovens dispostos a encarar a incerta rotina de assistente social em um país em guerra era bem alto. Esse exército da salvação sobre rodas era, em sua grande maioria, formado por engajados skatistas, selecionados mais pelo seu perfil humanitário do que pelas habilidades nos esportes radicais. Apesar de não serem profissionais, todos tinham ido parar ali graças a essa conjunção perfeita entre o desejo de ajudar uma causa das mais nobres e o prazer de ter um dos maiores e melhores *skateparks* do mundo como parque de diversões exclusivo.

Sentados em um grande banco construído com peças de skate reaproveitadas, observávamos o cair da tarde em Cabul enquanto conversávamos com nosso exótico e eloquente anfitrião. O skate, ele nos contava, representava apenas "a isca". Era por meio dele que as crianças eram atraídas para o projeto. Uma vez "fisgadas", condicionava a prática e as aulas ministradas por sua legião de voluntários a uma presença regular nas aulas de inglês, informática, ecologia e cidadania que eles

OS JOVENS ALUNOS DO SKATEISTAN SÓ PODEM CURSAR AS AULAS DE SKATE SE COMPARECEREM ÀS CLASSES E USAREM EQUIPAMENTO DE PROTEÇÃO COMPLETO. O ENORME SKATEPARK DO PROJETO É DE FAZER INVEJA A QUALQUER MARMANJO AMANTE DO ESPORTE.

mesmos ofereciam na sede do projeto. Nenhuma pregação ou missionarismo envolvido. Inclusive, as especificidades da religião local eram seriamente respeitadas. Tudo fazia perfeito sentido, mesmo vindo da cabeça de caras que mais pareciam uma banda de punk-rock amadora. Ao longo dos últimos anos, esses anárquicos filantropos vinham colhendo os louros merecidos de seu trabalho sério e dedicação. O reconhecimento das autoridades, da comunidade local e de grandes organizações internacionais vinha facilitando e ampliando o campo de atuação do Skateistan a passos largos. Cada vez mais o empreendimento humilde de um australiano sem destino ganhava moldes de grande empresa e, movido pela necessidade, Oliver assumia, com a mesma naturalidade com que circulava de skate por Cabul, esse seu lado CEO.

Oliver, de skatista das ruas de Sydney a presidente de uma organização de ajuda humanitária em Cabul. Um feito e tanto! Mas como ele dizia: "Alguém tem que fazê-la!" Os bilhões de dólares em doações enviados pelo mundo todo com destino ao Afeganistão raramente chegavam a quem realmente necessitava. A violência e a corrupção governam o país há mais tempo do que a maioria ali poderia se lembrar. O país foi e ainda era palco de inúmeras invasões e guerras motivadas pelos mais diversos interesses. Só de guerra civil, foram mais de trinta anos. A coisa era tão feia que o próprio Shams, nascido e criado no centro de Cabul, nos contou em um inglês muito bom para quem não havia tido nenhuma educação formal: "Diferentemente do que os defensores da liberdade e dos direitos humanos acreditam, o afegão médio, trabalhador e desvinculado de qualquer movimento extremista, pensa que a presença ostensiva das forças americanas é um bom sinal! A linguagem da guerra impera no país há décadas! Resolver desavenças na base da violência é comum. Por isso, somente uma força maior consegue coibir as constantes batalhas que afetam o cidadão comum." Quais eram as vítimas mais inocentes dessa situação eternamente caótica? As crianças, claro. E elas formam 70% da população do Afeganistão. "Cabul é uma cidade que foi projetada para abrigar duzentos mil habitantes, e hoje eles são quase 5 milhões. Em um cotidiano de pobreza e violência, sobram poucas oportunidades para as crianças aqui. A maioria delas fica nas ruas. Não há muito o que fazer. Ou não havia", completou Shams, com indisfarçável orgulho por colaborar com o projeto.

A MECA DO SKATE

No dia seguinte, acordamos cedo e fomos conhecer o verdadeiro coração do projeto: o *skatepark*. Dentro do imenso galpão cedido pelo Comitê Olímpico, foi construído um enorme parque de skate que não deixa a desejar ao de nenhum país de primeiro mundo. Para quem não é tão familiarizado com o esporte, um *skatepark* é o sonho de todo e qualquer skatista. Seria o equivalente à Meca dos muçulmanos, à Disney da criançada ou a uma piscina de ondas perfeitas para os surfistas. Milhões de praticantes do esporte em todo o mundo têm que se contentar com a dura realidade das ruas de asfalto esburacado, ladeiras de cimento tosco, estacionamentos vazios e túneis em manutenção, apenas sonhando em um dia ter acesso a um parque como aquele que a gente via ali em pleno centro de Cabul.

Rampas de madeira nova em folha, que pareciam ter sido lixadas por um artesão renascentista, se fundiam em transições magistralmente calculadas, lisinhas, perfeitas e entremeadas pelos delicadamente polidos obstáculos. Tudo com acabamento de primeira. Era uma visão impressionante. A sede do projeto, a sala onde Oliver trabalhava com sua equipe e recebia algumas figuras importantes do cenário político afegão, ficava no segundo andar e tinha vista privilegiada para todo o complexo. Quatro escrivaninhas com muito papel empilhado provavam que ali não faltava trabalho. Os computadores, todos com conexão à internet (pela qual eles pagavam extremamente caro), piscavam em sua tela planilhas de Excel e formulários do Word.

Erika era uma jovem canadense de olhos azuis que combinava com muito estilo os seus trajes de menina skatista com a echarpe afegã que, como mandavam as leis do Islã, cobria permanentemente seus longos cabelos castanhos. Sua responsabilidade exclusiva era abastecer o site do projeto com notícias e fotos, além de manter atualizada toda a presença do Skateistan nas diversas redes sociais. Esse braço virtual, junto com o trabalho da assessoria de imprensa internacional (uma outra funcionária dedicava todo o seu tempo a essa tarefa), era a principal forma de contato do projeto com o resto do mundo e, consequentemente, o melhor meio para conseguir o apoio que vinha de diversos países e ajudava a manter toda aquela engrenagem social funcionando. Foi através da internet que nós mesmos viemos a saber do projeto durante nossa fase de pesquisas.

No lado sul da sala, de uma janela imensa se avistava toda a pista. Mas Oliver raramente tinha tempo de ficar ali admirando o fruto de seu suor, que proporcionava a alegria da molecada carente de Cabul. Ele nem sequer ficava parado muito tempo em sua mesa. Dali, ele contou que assistiu apenas a algumas aulas das turmas femininas. "Apesar de não serem proibidas as aulas mistas, percebemos que as meninas se sentiam mais à vontade para tentar, errar, cair e até se divertir em meio a professoras e alunas do mesmo sexo. Juntamos as turmas de todas as idades apenas nos dias de competição, e as garotas têm levado a melhor!", disse em um misto de vergonha e satisfação. Todos sabem que, apesar de a situação ser difícil para todos no Afeganistão, as meninas são um caso à parte. Mesmo crianças, elas são proibidas de andar de bicicleta, por exemplo. Os meninos eram ensinados a não empurrar as meninas para fora do skate quando bem entendessem, e que elas tinham direitos iguais aos deles ali no Skateistan. Ao entrar na adolescência, as garotas trocam o véu pela burca, muitas vezes a burca completa, aquela que cobre todo o corpo, inclusive com uma renda na abertura para os olhos. E, desse jeito, ficam automaticamente afastadas das aulas de skate e de outros aspectos ainda mais fundamentais da vida da mulher ou de qualquer ser humano.

Nesse dia, fomos os primeiros a chegar ao parque. Tiramos as trancas dos portões de entrada lá pelas oito da manhã, com o "dono da casa", Oliver. O resto da equipe ia chegando aos poucos e todos se cumprimentavam como mais do que apenas colegas de trabalho. A mão de obra local, que trabalhava na cozinha e limpeza em troca de uma renumeração excelente para os padrões locais, se misturava a essa divertida legião estrangeira naqueles momentos de convívio social antes de começar o batente para valer. Dava para perceber que todos se sentiam igualmente parte da família Skateistan. Sobretudo os locais, agradecidos pela oportunidade e adorando o emprego e a responsabilidade de trabalhar em um projeto daquela proporção e importância. Não havia distinção entre os diferentes cargos ali dentro. Na hora do almoço, o CEO, a cozinheira, os meninos da manutenção e nós, os convidados, almoçávamos todos na mesma mesa comprida na área de convivência do segundo andar.

Mas, na tranquilidade das primeiras horas da manhã, a visão de um *skatepark* como aquele completamente vazio despertou em nós quatro a vontade imediata de subir em uma pranchinha daquelas e arriscar algumas manobras. Lembramos a nossa adolescência e as inúmeras vezes em que esperamos os quatro juntos, em uma fila interminável, a oportunidade de dar uma única volta na mísera rampinha de madeira que improvisávamos com o resto de nossa turma em uma calçada qualquer do Leblon. Agora, tínhamos aquele amontoado de rampas perfeitas só para a gente. Um cenário que vislumbráramos apenas em rascunhos feitos durante as aulas mais maçantes na escola, quando imaginávamos como seria o paraíso do skate. Muito provavelmente, lá se iam mais de quinze anos desde o último *ollie* que havíamos executado, mas a fissura em pegar um dos vários skates à disposição para dar algumas voltas por ali nos transformava em pré-adolescentes como que em um passe de mágica. Era fácil compreender agora a genialidade por trás do Skateistan. Como uma criança afegã, habituada a privações, violência, guerras, armas e às dificuldades de sua vida cotidiana, iria resistir a uma oportunidade como aquela? Se Oliver exigisse que fizéssemos uma prova de matemática ou um ditado de português antes que nos lançássemos naquela pista lisinha, teríamos aceitado no ato. Nos apresentar ao seu maior orgulho e realização, aquele impressionante *skatepark*, foi o golpe final perfeito. As peças se encaixavam direitinho. Tudo fazia sentido.

Nossa missão tinha terminado. Pelo menos no que dizia respeito a esse incrível projeto. Com certeza, o mais original e efetivo que havíamos conhecido até então. As crianças chegariam para as primeiras aulas do dia a qualquer momento. Íamos filmá-las utilizando a pista para somar as imagens ao material que tínhamos conseguido conversando com Oliver e sua equipe de "professores", e encerrar as atividades por ali. Ainda era o início da manhã e a pista, iluminada de leve pelos primeiros raios de sol em Cabul, permaneceria quieta, vazia e convidativa por apenas mais alguns minutos. Nossas mentes com certeza processaram essa informação ao mesmo tempo e, quase que em um movimento sincronizado, viramos a cabeça em direção a Oliver. Nosso olhar dizia tudo. Sem pronunciar uma palavra, ele abriu um sorriso de satisfação e fez que sim com a cabeça. Foi assim que, por uns quarenta minutos, nós fomos as quatro "crianças" mais felizes do Afeganistão.

خروج

EXIT

DALJE EXIT ➡

← 出口 →
EXIT

MANUAL DO NERD NA ESTRADA

Este manual foi desenvolvido em parceria com meu companheiro de viagens Leondre Campos. Não que Pesca ou UFO sejam menos nerds. Acho que os diferentes tipos e perfis de nerd estão bem representados pelos quatro apresentadores do programa. Cada um ao seu estilo. Felipe UFO seria o "nerd sufocador", quando acha uma conexão à internet não a deixa nem que a sobrevivência de um amigo dependa disso. Na situação inversa, quando é ele quem depende de um de seus colegas para ingressar na grande rede, pode ficar até violento se o acesso a mesma não lhe for garantido prontamente. Bruno Pesca seria o nerd intelectual, que pode navegar com calma e disciplina por horas e horas pelos recantos mais nobres do mundo virtual. O nerd que passa batido por Twitters, Facebooks ou Instagrams, priorizando fóruns políticos, discussões semânticas ou estudos econômicos. Cada vírgula de seus intermináveis e-mails é analisada como um tratado teológico antes de ser finalmente digitada. Pesca redige esses e-mails com toda a calma do mundo, enquanto sorve um refinado cappuccino com a postura de um filósofo sofista em um café parisiense.

Já eu e Leondre somos os nerds típicos. Adoramos novos gadgets, joguinhos virtuais, redes sociais e qualquer tipo de parafernália eletrônica. Sintetizamos as características tradicionais de todos os tipos e modalidades de nerd já catalogados. E, como bons discípulos desse inconfundível secto, a internet para nós é a raiz de tudo. A mãe de todas as invenções. Uma fonte de informação, educação, entretenimento e, em um passado distante (felizmente), até de sexo (virtual, é claro). Viajamos munidos de iPad, iPod, iPhone, laptop, BlackBerry, headphone... Verdadeiros ciborgues: em parte homens, em parte máquinas. Um sinal de Wi-Fi, um cabo de rede ou mesmo uma conexão discada representam para nós a diferença entre um hotel bom e um hotel ruim, uma viagem agradável ou uma provação, o céu ou o inferno. Desde o início deste projeto de viagens, fomos percebendo alguns detalhes fundamentais para a manutenção da sanidade de um nerd viajando por recantos nada modernos do planeta e mantidos (às vezes por meses) longe de uma conexão segura à World Wide Web. Uma de nossas grandes tristezas foi constatar que, assim como acontece com as estradas de rodagem, em termos de internet o Brasil também está atrás de alguns dos países mais subdesenvolvidos que visitamos.

Para efeito de pesquisa e autoajuda, fomos compilando metodicamente (como bons nerds) um conjunto de dicas, explicações e alertas vitais para o companheiro nerd viajando por este mundão. Pequenas pílulas de sabedoria internética, aprendidas à custa de muito sofrimento no duro mundo desconectado. Assim nasceu o *Manual do nerd na estrada*.

Seguem alguns exemplos pinçados aleatoriamente deste nosso guia:

"Quem procura, acha!" Esteja onde estiver, tente sempre buscar um sinal de Wi-Fi com seu gadget favorito. Já encontramos sinal gratuito de internet nos locais mais improváveis, como: aeroporto da Albânia, sala de embarque em Banda Aceh, restaurante em Pequim, e por aí vai. Não custa nada tentar.

LEITURA DE SINAIS

O Lonely Planet é um guia e tanto para qualquer tipo de situação com que um viajante possa vir a se deparar. Mas, no quesito hospedagem, siga o nosso conselho que até um analfabeto se dá bem. Localização, preço, segurança... Esqueça toda essa baboseira que consta do guia! Verifique apenas se embaixo do nome do hotel há um iconezinho com o desenho de um computador. Ele representa que a hospedaria em questão possui internet. Pode desfazer as malas feliz!

"O analisador de qualidade de hotel." Ao adentrar pela primeira vez o lobby de qualquer hotel em qualquer parte do mundo, não pergunte pela limpeza dos quartos ou se o café da manhã está incluído na diária. Saque de imediato seu iPhone e com ele verifique a qualidade do sinal de Wi-Fi. No resto você se vira.

Cruzando o lobby do hotel de um país sem a menor infraestrutura ou passeando pela sala de embarque de uma cidadezinha perdida no mapa, se você perceber alguém com um laptop aberto no colo: faça o mesmo! São grandes as chances de haver uma conexão Wi-Fi na área. Quem se dá ao trabalho de abrir o laptop se não há internet disponível? Um laptop sem internet é como um corpo sem alma.

ONDE HÁ FUMAÇA, HÁ FOGO.

SEMPRE CARREGADO!

Ande sempre com uma *nécessaire*, essas bolsas para itens de higiene pessoal. Xampu, sabonete, escova de dente? Pra quê? Jogue tudo fora! A real serventia dessas malinhas é carregar todo e qualquer tipo de plugue de tomada. Três pinos na Ásia, pino invertido na Oceania... Ou seria o contrário? Enfim, tenha sempre todos os tipos de adaptador à mão, de modo a manter seus gadgets sempre carregados! Pois, como vimos anteriormente, você nunca sabe quando vai encontrar um sinal de internet.

FICANDO ON-LINE MESMO OFF-LINE!

Pode parecer confuso ou até mesmo impossível para o nerd de primeira viagem. Acessar a internet de qualquer lugar, e a qualquer hora, afigura ser um lendário Eldorado, a Terra Prometida, o Paraíso Perdido do nerd na estrada. Mas essa dica nada mais é do que um jeitinho brasileiro que desenvolvemos para matar o desejo por conexão dos mais fissurados. Seguinte: se estiver em uma situação iminente de perda de conexão (p. ex.: um voo muito longo), atualize todas as suas mídias sociais de uma vez. Seja no laptop, tablet ou smartphone: baixe todos os e-mails, dê o refresh no Facebook, carregue o Twitter, atualize o Instagram e pronto. Desse modo, você ganha algumas horas de conteúdo on-line para os aflitivos momentos sem acesso a um cabo de rede ou conexão Wi-Fi. O Ministério da Nerdice adverte: esta é apenas uma solução paliativa para as crises mais graves de abstinência e não deve ser encarada como solução para os dependentes.

XXXX———

POR FIM, LEMBRE-SE: EM QUALQUER SITUAÇÃO, WI-FI SEMPRE VALE MAIS DO QUE PAPEL HIGIÊNICO.

UM
LIVRO
SEM
EPÍLOGO

HISTÓRIA SEM-FIM!

Epílogo é a parte que representa a conclusão ou fim de uma obra literária. Por mais que este livro tenha que chegar ao fim (e, consequentemente, que eu tenha que redigir um epílogo), não me sinto confortável em fazê-lo. Me parece tão inadequado quanto o fim do *Indo.doc*, que desencadeou todo o projeto do *Não conta lá em casa*, tal qual citei no início deste livro (no prólogo?). Isso porque temos a certeza de que este projeto não acabará nunca. Ele agora faz parte de nós. Talvez sempre tenha feito, mas agora algo acordou este desejo, esta necessidade, o anseio que estava dormente. Conhecer, entender, questionar e agir. Sabemos que não vamos mudar o mundo, tão vasto e incompreensível. Porém, mais do que nunca, sabemos que é possível tentar. Somos um pequeno grão de areia na imensidão do universo, mas agora temos noção de nossa conexão com tantos outros grãos à primeira vista tão distantes de nós. Vimos que uma pequena borboleta batendo as asas na América do Sul pode, sim, causar uma revolução no Oriente Médio. Teremos sucesso? Faremos a diferença? Denunciaremos grandes injustiças e derrubaremos governos implacáveis? Vamos transformar a sociedade e quebrar preconceitos? Provavelmente, não. Mas vamos fazer a nossa parte. Afinal de contas, "a viagem é mais importante que o destino", como diria o sábio provérbio chinês.

Nossa curiosidade e o desejo de descobrir e entender as grandes questões do mundo e da humanidade passaram a ser compartilhados por uma grande horda de novos amigos, espectadores e, agora, leitores que nos estimulam e cobram em igual e justa medida. Quando ainda estava na faculdade de jornalismo, tive um momento que poderia ser classificado como uma epifania *teen*. Na ocasião, uma teoria convenientemente me agradava: "quem faz a faculdade é o aluno". Até mesmo os professores diziam que nós deveríamos aproveitar aqueles quatro anos de formação acadêmica para angariar o maior número de referências, lições e experiências pessoais que pudéssemos. No estágio é que se aprende a profissão na prática, diziam eles. Já que eu estava estagiando havia dois anos, por que diabos, então, perdia minha manhã na aula quando poderia estar na praia? Pensava em um típico radicalismo adolescente.

No entanto, a bem da verdade, essas teorias foram bastante úteis para justificar a mim mesmo que ler toda a obra de Bill Bryson era muito mais fundamental para minha formação do que prestar atenção às aulas de estatística, ou que trancar seis meses de faculdade e ir fazer mochilão pela Europa valeriam a pena no final das contas. Dessa forma, posso dizer que, após todos esses anos, o que restou em minha memória em termos de conteúdo programático foi só aquilo que realmente importava e me interessava. O sumo do que realmente faria a diferença em minha vida. Atenção: não quero fazer apologia contra o ensino fundamental, médio ou superior. Muito pelo contrário, a cultura, a informação e o aprendizado são primordiais na formação do ser humano e a base do desenvolvimento de qualquer sociedade, como todos sabemos. E não há melhor época e lugar para a troca e aglutinação de informações das mais variadas do que durante a vida universitária.

Talvez essa espécie de faculdade alternativa e altamente específica que cursei — ministrada e administrada por mim mesmo — em paralelo à oficial, de jornalismo, tenha sido a preparação perfeita para o tipo de trabalho e missão tão específicos que encaro hoje. Após todo estudo teórico e preparação de vida, o preceito básico com que encaro essas viagens é a simples (porém nada simplista) máxima do filósofo Sócrates, com a qual esbarrei durante os primeiros períodos desta errática jornada em uma maçante aula de filosofia: "Só sei que nada sei." Seguindo a premissa do grande mestre, tento me despir de todo e qualquer pré-conceito (separado, mesmo) ao experimentar as diferenças, quase sempre surreais, das culturas com as quais me deparo. Então, me lembrei de outro livrinho que se salvou naquela seleção natural que promovi para a minha faculdade exclusiva e pessoal. A edição de bolso de *Etnocentrismo e relativismo cultural*, que anos atrás eu não conseguia imaginar servindo para qualquer coisa em minha vida prática, contribuiu com outro conceito tão valioso quanto o do feioso filósofo grego, a saber: o julgamento que fazemos de qualquer cultura é formado com base em valores da nossa própria. Por isso, a ideia que fazemos de bem, mal, bom, ruim, bonito ou feio é relativa em cada sociedade. Sinceramente, depois do *Lonely Planet*, essa deveria ser a Bíblia (ou o Corão) do viajante com o mínimo de humildade para não só conhecer outra cultura, mas vivenciá-la de verdade.

Foi assim que tive mais facilidade em compreender, e não somente aceitar, algumas situações com que nos deparamos pelo mundo, fosse ao vivo e em cores, nos noticiários de TV ou nas páginas dos jornais. O que me permitiu absorver ensinamentos e tradições à primeira vista muito contrários a meus valores pessoais, que me foram apresentados nos cenários mais extremos e catastróficos. Aprendi lições heroicas de povos oprimidos e indivíduos vivendo nas realidades mais dramáticas. Tudo isso para constatar que o grande fio que conduz a narrativa histórica do mundo em que vivemos somos nós mesmos. Nossas semelhanças mais básicas travestidas de extremismo, exotismo, fundamentalismo ou outros *ismos* que usamos para explicar o inexplicável. A verdade reside na sabedoria do clichê: no fundo somos todos iguais. Estamos todos nós, ocidentais, orientais, árabes, soldados, civis, monges, escravos, ricos e miseráveis, atrás de soluções para as questões mais simples e básicas da humanidade. O desejo de liberdade. A garantia de saúde, educação e segurança. Paz. E demais versões e traduções da eterna busca da felicidade.

Uma câmera na mão e nenhuma ideia na cabeça. Esta é a forma com que pretendo continuar a encarar todas as minhas viagens durante este projeto. Deixando os personagens que cruzam meu caminho por esses países tão inusitados serem os responsáveis pela formação crítica de meus conceitos sobre suas culturas, suas histórias e suas vidas. E sobre o mundo em que vivemos. Só sei que nada sei. O epílogo acaba sendo uma mera formalidade literária. Passo a passo, um lugar de cada vez, o *Não conta lá em casa* segue pelo mundo despindo-se de qualquer tipo de preconceito. Disposto a errar, se surpreender, ser contradito e mostrar nossos acertos e percalços nesse processo incessante e tão interessante, nessa busca por lições e aventuras. Por experiências enriquecedoras, relatos emocionantes e mensagens que valham a pena ser divididas. Queremos descobrir, aprender, questionar e agir! O mundo precisa disso. E nós estamos dispostos e agradecidos por poder dar a nossa humilde contribuição. Felizes por fazer nossa pequena parte por um mundo melhor.

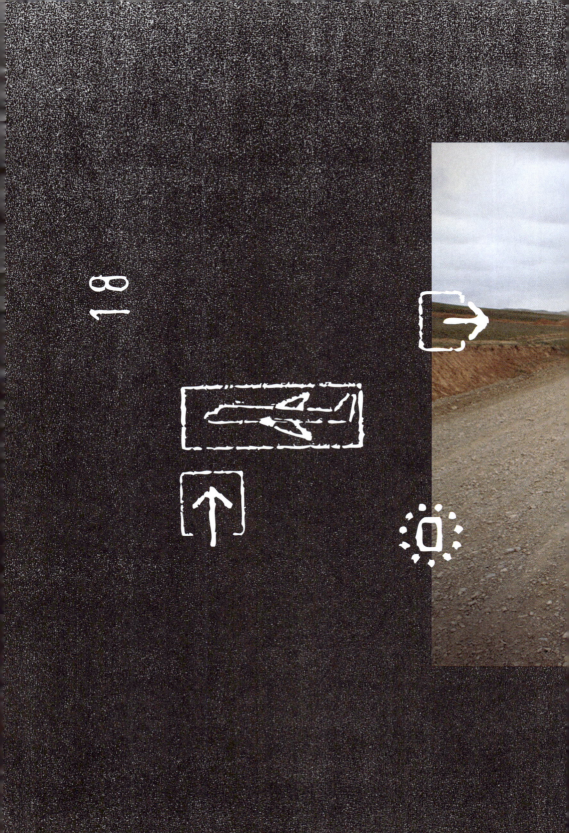

AGRADECIMENTOS

Como as viagens relatadas neste livro partiram de um projeto concebido e realizado a oito mãos, não poderia começar esta página de outra forma senão agradecendo aos meus amigos de uma vida toda e companheiros de *Não conta lá em casa*: Bruno Pesca, Felipe UFO e Leondre Campos (em ordem alfabética para não haver ciúmes). Não poderia ter sido agraciado com um grupo mais eclético, competente e altruísta de desbravadores! Muitas vezes sem saber, eles me estimularam e desafiaram a conhecer lugares e histórias que jamais imaginei possíveis. Mais do que um projeto de trabalho, o NCLC se confirmou como nosso mais audacioso projeto de vida. Que venham novos países, novas causas, novas histórias, novas temporadas e novos livros!

Com imenso carinho, agradeço a todo o pessoal do Multishow, que acreditou e abraçou nosso projeto desde que ele ainda era um mero embrião em formato de PDF. E que continua trabalhando conosco para que nossa mensagem alcance cada vez o maior número de pessoas. Mais especificamente, agradeço ao Gerente de Produções Artísticas, Christian Machado, por seu direcionamento e por dividir conosco essa mesma paixão pelas grandes histórias da humanidade — o que colaborou imensamente para o programa ser o que é hoje (e o livro, consequentemente). A Denise Figueiredo, Coordenadora de Conteúdo, pela amizade e motivação. E à nossa produtora "preferida", Thais Sleiman, pelo suporte de sempre, pelas ajudas emergenciais e, principalmente, pela paciência!

Sendo marinheiro de primeira viagem, não posso deixar de agradecer às minhas editoras (que chique!) sem as quais este livro não teria se tornado uma realidade tão mais perfeita que os meus mais entusiasmados sonhos, Ana Paula Costa, que contornou meu pânico de estar estreando como autor na prestigiada Editora Record, ajudou a organizar minhas ideias e a lapidar este livro a partir de um amontoado de ansiedade. Livia Vianna, que me ensinou o caminho das pedras da editoração, me pegando pela mão e me guiando por cada etapa do processo editorial. E a Antonia Jardim (Little Genius), e sua irmã Joanna Jardim, que acreditaram neste livro muito antes de ele começar a ser escrito.

Impossível agradecer a todos os amigos que, de alguma maneira, manifestaram seu apoio durante as viagens arriscadas gravando o programa e as madrugadas insones redigindo as páginas que você acaba de ler. Em especial, preciso mencionar meu irmão Marcos Pires, além de Bruno Maia e João Vitor França, que fizeram a leitura crítica dos primeiros rascunhos desta "obra".

Escrito em grande parte em guardanapos surrados, cadernos desbotados e iPhones maltratados durante dezenas de viagens, este livro não sairia do esboço (e nossa segurança, sanidade e eficácia estariam seriamente comprometidas) se não fosse a ajuda inestimável dos contatos — e agora grandes amigos — que fizemos ao longo desta jornada. Entre tantos, estes têm lugar especial na minha memória e no meu coração: Ananda (Mianmar), Mahsa, Dina e Janan (Irã), Marlene Schioldan (Dinamarca), Musbah (Etiópia), Jim Wagner e Fabrizio (Itália), Aloy Subyako e Isan Hepie (Indonésia), Luciano Uchizono (Japão) e Oliver Percovich (Afeganistão).

Por último, e mais importante, dedico este livro aos maiores motivos para eu voltar são e salvo de cada uma dessas empreitadas: minha amada esposa, meu pai ídolo, minha mãe exemplar, minha querida avó e meu avô viajante (*In memoriam*).

CIP-BRASIL. CATALOGAÇÃO NA FONTE
SINDICATO NACIONAL DOS EDITORES DE LIVROS, RJ

P743n
3ª ed.
Pires, André Fran
    Não conta lá em casa / André Fran Pires. – 3ª ed. – Rio de Janeiro: Record, 2014.
    il.

    ISBN 978-85-01-09645-6

    1. Não conta lá em casa (Programa de televisão). 2. Televisão - Programas - Descrições e viagens. 3. Televisão - Programas - Brasil. I. Título.

12-5412.
CDD: 791.4572
CDU: 621.397

Copyright © by André Fran Pires, 2013
Concepção da capa: Bernardo Guido
Execução da capa e projeto gráfico de miolo: Tita Nigrí
Fotografia de capa: Leondre Campos
Estagiária de design: Beatriz Arentz
Diagramação: Renata Vidal da Cunha

Este livro foi composto nas tipologias Agenda, Gunplay, Hapole Markerpen, Hapole Pencil, e impresso em papel off-set 90g/m², na Prol Gráfica e Editora.

Os nomes de alguns personagens deste livro foram substituídos por questão de segurança.

Texto revisado segundo o novo Acordo Ortográfico da Língua Portuguesa.
Direitos exclusivos desta edição reservados pela
EDITORA RECORD LTDA.
Rua Argentina, 171 - 20921-380 - Rio de Janeiro, RJ - Tel.: 2585-2000

Impresso no Brasil

ISBN 978-85-01-09645-6

Seja um leitor preferencial Record.
Cadastre-se e receba informações sobre
nossos lançamentos e nossas promoções.

Atendimento e venda direta ao leitor:
mdireto@record.com.br ou (21) 2585-2002.

Impressão e Acabamento: Prol Gráfica e Editora Ltda.

EDITORA AFILIADA